覺醒是與當下共舞

阿卡西紀錄與希塔療癒帶你走向內在，釋放創傷，顯化豐盛，成爲更好的自己

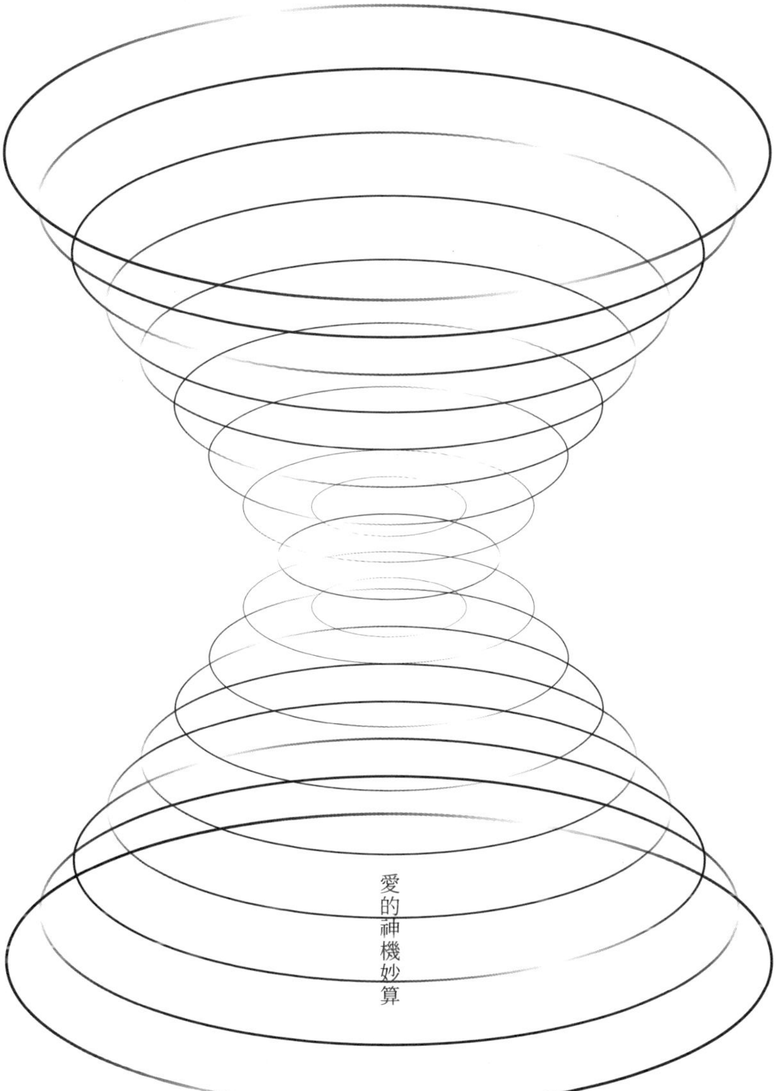

阿卡西紀錄高階解讀師、希塔療癒師與希塔導師

Josephine 90分 著

推薦序

「心之修鍊」的時光

昌鑫建設 董事總經理 徐永昌

第一次見到Josephine，是在一個精品品牌的活動上。她以該品牌台灣最高主管的角色出現，一雙明亮的大眼睛附帶著充沛的活力，滿場遊走，令人印象深刻。果真人如其名，似乎是個能把各項任務都做到「90分」以上的女強人。隨著時間的經過，我逐漸認識到她光鮮外表的後面，竟是一位天真的小女孩揹著俠女的長劍，行走在這個杯觥交錯的浮華世界。

在這個充斥著各種慾望、利益與名聲的所謂現實社會，往往會讓我們掙扎在表象與本心之間，痛苦難當。更何況是需要隨時保持正面笑容的精品業！如何行走江湖而不被妖魔化?那就是個猶如傳說一般的天堂路了。

接下來的日子裡,她在不同的品牌與行業中轉換,也同時承受了公、私之間的各種磨難、挑戰甚至是意外。她的這一顆心是如何排黑自清的,我不知道。直到某一天,她跟我說她要出書了!我當真猜不透,是要寫哪方面的題材?直到我看到這本書的文稿,才明瞭這一段可稱為「心之修鍊」的時光是這麼個模樣!也的確是值得分享的過程。然而她願意將這些心境與體會入書而傳,更是令人讚賞。

這本書,對我來說不是一連串邏輯性的知識,而是大量對人生體認與覺悟的片段精華,所以也完全不用逐頁去翻讀,反倒是在片段的時間裡,隨機翻閱,更可能得到意外的共鳴與喜悅。當然身為讀者的我們,不用去追求所謂冥想世界中的純白,只要抱著輕鬆開放的心態,讓這一冊養分作為我們成長過程中的有機肥,也期許自己能出淤泥而不染吧!我將這本書推薦給身邊一同浮沉於現實戰場的親朋好友與同事們,希望大家一起正念而行,平安順遂。

作者序

每個當下，都是愛的練習

時間是二〇一八年春天，我第一次有意識地進入了自己的阿卡西紀錄（Akashic Records）。在一次偶然的機會下，我閱讀了全世界第一位「阿卡西紀錄博士」琳達．豪兒（Linda Howe）的著作，並跟隨書中的指引，按圖索驥來到一個被光與愛充滿的神聖所在，那個我們稱之為「紀錄」的地方。

雖然那是我今生第一次有意識地進入自己的阿卡西紀錄，但感覺卻一點也不陌生，而是一種 deja vu 的久別重逢。「原來你在這」，而且「我知道」。我知道這是紀錄之所在，我知道這是神聖智慧所給予的訊息與指引，我就是知道。

朋友們常常問我，你怎麼知道「你到了」？你怎麼知道你的天線不是連接到別的地方，而是阿卡西紀錄？初期，或許有一些小小的自我懷疑，但是一旦訊息流瀉，一旦愛的能量如同暖流般貫穿全身，內在的知曉清清楚楚，不可能走錯。

而無論我們對於紀錄的提問充滿了多少憤怒悲傷、恐懼懷疑、偏見與不知所措，紀錄所給予的回應永遠如同光照亮了黑暗，陰影便無所遁形的明晰。是充滿真理的洞見，而真理就是愛。

§

二〇二二年一月，在清晨的希塔冥想中，我收到關於要寫一本書的訊息，當時我任性的擱置不理。造物主的訊息是這樣的，祂或許給予你某些指引和建議，但你是否買單、是否行動，一切取之於你！因為我們就是我們自身創造的引擎。生而為人的可貴，就在於能夠依其自主意願，去創造自身渴望的人生版本。就算你違背訊息的指引，老天也不會懲罰你，因為所謂自作自受，何須等待老天懲罰？事實是，我們一切的意念與行動，無時無刻都在顯化我們的人生。我們是自由的！有自由選擇昏睡，或者醒覺而有意識的生活。

雖然我當時擱置訊息未有行動，但是關於寫一本書的訊息仍然持續叩門。直到有一天我問：「那好吧，但是我到底要寫什麼呢？」噹啷，內容就是如你所見，是我每天從智慧源頭（阿卡西紀錄和第七界）所下載的每日訊息。在書寫內容尚未展開之前，書的形式已經被給予了。是的，這本《覺醒是與當下共舞》並不是我運籌帷幄的企劃，而是純粹跟隨每日訊息的指引。當我調頻自身，接通宇宙天線，訊息自然如瀑布般輕盈流瀉。我沒有追求靈感，或者企圖主導方向，而是讓訊息如靈感一般降臨於我。

那是關於失落、心碎、恐懼、脆弱、渺小、慾望；也是關於修復、完整、力量、喜樂，與重新找回愛的旅程。那是關於對世界的叩問，更是關於轉身向內，向心探索的道路。

§

自從接通了內在的天線，前塵舊事對我而言已經彷若隔世。時間飛奔前進，過往種種成為不是有待清理的業力，就是已然化做春泥又護花的沃土。如果你問我穿梭在多元宇宙最大的改變是什麼？我會說，就是每天都是新的！那意味著你不再憑藉著過去的記憶與習氣去反應，而是能更有覺知的回應。你不再受困於過去的戲劇情節，而能在現在為自己創造自身所渴望的故事版本。每天都是新鮮的，沒有被框架的劇本與應然，而是能夠更自由的體驗與創造。而這個新的可能，受到全宇宙的支持與祝福。

是的，在我們生命中上演的故事，有多少是陳窠舊案？有多少是故事不同但情節類似？當每天都是新的，你不會一如往常抱怨雨天，而是會打開五感全然感受今天的雨。當每天都是新的，你不會一如往常在他人批評你的時候，採取防衛或者攻擊姿態，你甚至可能會聽出批評者言語中的恐懼與匱乏，而能夠伸手擁抱他們。如果每天都是新的，你不會把過去的傷痛當作自己無法前進的理由，而能以嶄新的觀點面對傷痕，並賦予那些傷疤新的意義。如果每天都是新的，你不會視世界的一切是理所當然，你可能會一瞥萬事萬物背後運作的神聖秩序，並對其中的安排抱持感恩與敬重。當每天都是新的，愛是流動的，感受是輕盈的，而你在當下是自由的。

本書使用說明

這本書共有三六六篇訊息，你可以按照日期，以每日一則的方式循序漸進。每個月的終章附有一則「愛的練習」，這也是我根據訊息的指引所提供的實作建議。

你可以在月初時即翻閱該月的練習指引，跟隨自身靈感進行實驗。所謂智慧的意義，不僅在於它是否被我們知曉，而是我們是否能透過自身的生命，親身活出這些智慧的燦然光華。當然，你也能不拘泥於線性的時間順序，而將這本書當作你每日靜心的參考，在你有任何疑問的時候，安靜下來，做一個深沉的呼吸，以非慣用手翻閱本書，你所翻閱的那一則訊息，就是宇宙要提供給你當下的建議。

§

這本小書要獻給在多元宇宙中千千萬萬的我自己，因為所有的我無論處於何種時空，都彼此影響、相互關聯。無論我們曾是被獵殺的女巫、在荒山野嶺中獨自修行的僧人、練武的行者、胼手胝足建造教堂的修道士、印地安部落的薩滿、平凡的擺渡人、戰爭中照護傷兵的醫護人員、以搶劫商旅營生的盜匪，或者穿梭於商業世界的經理人……，這些都是我們所扮演的角色與穿戴的形象。而這些角色扮演的意義，並非讓我們繼續沉溺於濃稠的戲劇，而是在每一次的戲劇中體驗愛，活出自由，並知覺自己就是永恆的生命。

這本小書也要獻給多元宇宙中千千萬萬的你，因為在究竟的層次上，我與你不分彼此，我們都是大海中的小水滴。小水滴們可以在塵世間相濡以沫，亦可以透過智慧的引領相忘於江湖。我真誠的祈願，訊息中的隻字片語能在黑暗中為你點燈，為你捎來安慰，並最終讓你體認，真正的光，其實早就在你之內。

愛你們，獻上祝福。

Joséphine 90分

目次

進入療癒的能量場

關於阿卡西紀錄

你可視阿卡西紀錄（Akashic Records）為靈魂生生世世所累積與儲存的雲端資料庫，它紀錄了不僅是個人，也包含了集體所有生世的經歷、事件、情緒，與記憶。而探索阿卡西紀錄，其主要目的不僅是為了讓我們知曉前世今生的故事，而是試圖透過更寬闊與更宏觀的觀點，來了解我們看似有限的生命，其實是無限的存在。而隨著我們靈魂進程的不同，紀錄的內容也將隨之擴充；是的，阿卡西紀錄是一個動態性調整的能量場域。

阿卡西紀錄受到一群神聖光之存有的守護，在二十世紀之前，僅有少數聖者、神祕主義者、通靈者與覺醒者，方有能力進入並讀取紀錄的訊息。隨著人類集體意識的逐漸覺醒，當前紀錄已經對全體人類開放；只要你願意，人人皆能透過指引，按圖索驥連結自身的阿卡西紀錄。

根據希塔療癒，阿卡西紀錄是時間法則的一部分，其屬於第六界的能量。而第六界與第七界的能量已然超脫二元對立的是非黑白，而是在真理的層次上，給予愛的洞見與能量的流動。如果你在連結阿卡西紀錄時，卻收到恐懼、憤怒或者充滿批判的訊息，請注意，你必然不在紀錄的光之汪洋中！這時候請即刻切斷連結，因為你的天線可能已錯接到其他頻道，或者你聆聽到的聲音，根本是小我心智的呢喃。

一旦進入阿卡西紀錄，即使你不是帶著什麼問題意識也無妨。因為進入紀錄本身就是一種療癒，一種徜徉於愛之能量的浸淫，進入紀錄就是被無條件的愛所包圍，對我而言具備有如洗滌塵埃般的清理效果。而紀錄除了帶來療癒與能量轉換的效益，我們還能與紀錄攜手做些什麼呢？事實上，紀錄是無窮無盡的靈性資源，與紀錄的合作是能夠非常有創意的，譬如：有人透過進入紀錄進行商業策略的擬定、購物置產、發想與設計新產品、治癒童年創傷，而我則是透過進入紀錄來完成本書的部分內容。關於人生的各種疑難雜症，你都能透過與紀錄聯手合作，一一得到指引。

我當初進入自己的紀錄，是因為閱讀了琳達·豪兒的著作，在此我也推薦給你，以做為更進一步了解阿卡西紀錄的參考書籍。當然，進入阿卡西紀錄的方式有許多種，琳達·豪兒老師書中所介紹的方式並非唯一路徑，尚有許多老師根據其自身所收到的指引，而發展出不同的祈禱文路徑。甚至我個人在進入阿卡西紀錄多時之後，也走出了一條屬於個人的捷徑。但對於初學者而言，我仍高度建議選擇與自身相應的老師，按部就班、循序漸進地契入紀錄的神聖大廳，這確保了你能準確無誤地連結到神聖的光與愛。而在你與紀錄的合作已經非常熟稔之後，再依循靈感發展屬於自己的道路。

而如同我在書中提及，我是在進入紀錄之後並練習多時，才因為受到紀錄的指引而進一步取得解讀師的資格。你可以根據內在的指南針，自由的去探尋你與紀錄的關係；重要的是明白，這不是一個遙不可及屬於你身外之物的資源，這份靈性的寶藏就在你之內，只要你願意，你隨時能夠傾聽內在真理的指引。

關於希塔療癒

希塔療癒（Theta Healing）是由美國人維安娜．斯蒂博（Vianna Stibal）所發展出的療癒方法，其結合了深層的冥想技巧與腦部科學，發展出一套能夠在身心靈層面皆帶來能量轉化的工具。

維安娜老師本身是強大的靈媒，大部分人對於靈通者的能力是霧裡看花，不可說也不能解；但維安娜老師卻將以往神祕的向上連結過程，透過明晰的指引與眾人分享，而這是人人都可以做到的：成為自己的靈媒。

透過意念將腦部頻率有意識地調整到希塔波，我們就能連結到造物主（Creator）所在的第七界。第七界是一個由純淨白光所組成的空間，其中的能量是全然的愛與慈悲。而如同阿卡西界域中所流動的訊息，造物主的聲音沒有批判與責難，造物主的觀點也不會是恐懼與撻伐。當你上七（進入第七界），你所能感受到的是信任、支持與理解。

所以，如果你連結到的能量場是恐懼與批評，那絕對不是造物主的聲音。因為無論就世俗而言多麼不可原諒的人事物，造物主仍能為我們指向其中的愛與光。

事實上，無論哪一個界域的能量都是寶貴的資源，只是頻率與密度不同，其中訊息的品質自然會有所差異。我個人除了喜歡上七與造物主聊天，也會與第六界的法則層連結（阿卡西紀錄就屬於第六界的法則層），以及和第五界的女神和天使溝通。想像一下，如果你能自由地和各種界域的神聖存有溝通，是否就在你內在建立了一個強大的靈性支援團隊？只要你有需要，甚至不必轉頭，只要虔心回到內在，你的叩問就能得到指引。

自從接觸希塔療癒之後，這項工具已經成為我每天的日常。每一天的開始，我會進入希塔腦波開始我的晨間冥想。每天入睡前，我也會上七進行身體掃描與能量清理。當情緒浮現的時候，希塔療癒則幫助我更有意識地覺察自身的起心動念，並隨時進行意念的挖掘與清理。

所謂「成為自己的靈媒」，不是要裝神弄鬼、故弄玄虛，而只是要提醒我們：那些你汲汲營營向外尋求的力量，其實早就已經在你之內。事實上，你本來就是有力量的！有力量看見真相，領會真理；有力量做出改變，引發行動。有力量不依靠外在的權威，而是看見內在閃耀的真實，就是你最堅實的力量泉源。

如果你對希塔療癒有興趣，建議可參考維安娜·斯蒂博的書籍，坊間亦有許多工作坊和課程可供選擇。你也可以選擇單純接受希塔療癒的諮詢，讓它支持你，活出你所渴望成為的樣子。

從外商高階經理人到療癒導師的多元宇宙

從第一次進入自身的阿卡西紀錄之後，進入紀錄就成為我每天的日常，直到今天依然如此。如同弟子定時練功並時時向師父請益，每天醒來，我最重要的一件事就是與神聖智慧連結，然後才開始展開凡夫俗子的一天。

在二〇一八年進入阿卡西紀錄時，我已經在精品產業擔任高階經理人多年，從行銷一支新台幣三萬多元的瑞士機械錶，到在杯觥交錯之間成交一只價值三千多萬元如同藝術品的手腕乾坤。從「錶妹」到「錶姊」的生涯，讓我有幸一窺精品世界的璀璨奢華。無數的宴席流轉，無數的美人名車與華服，無數的風光起高樓與黯然樓塌了，而我們每天仍然汲汲營營於品牌的擴張、業績的提升，累積世俗的成就和

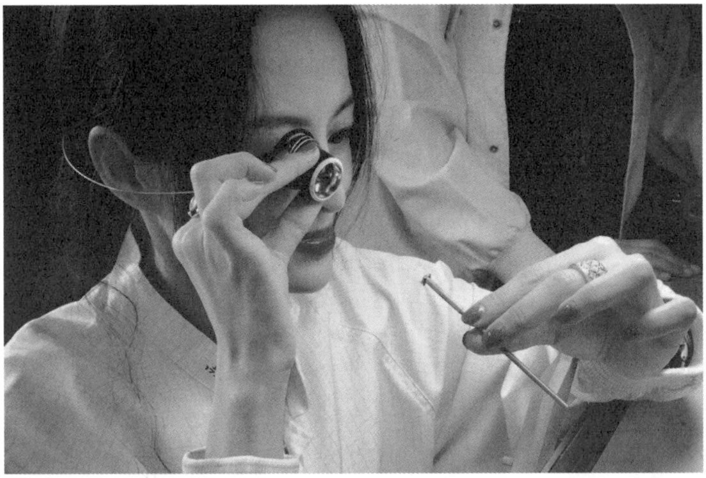

企圖追逐世界所頒發給我們的各種加冕與皇冠。

進入紀錄之前，我對於世界的真實性懷疑已久。孩童時期在一次睡夢中醒來，迷濛之間我問媽媽：「我們現在所在的地方是真的嗎？你是真的嗎？我是真的嗎？」而這個對於世界是否真實的叩問，一直潛藏在我內心之處。直到進入了精品產業，對於人生浮華夢境如真似幻的感受益發強烈，因為所謂高端精品就是致力於造夢，致力於將各種奇思異想，華美與創新地揉合與呈現。

身處精品世界，彷彿在夢中做一個華麗的夢。這夢中有限量的香檳，有手工訂製華服，有匠人傾數年之力打造的一款包、一只錶、一件藝術品，有宣稱能帶你走向更好地方的精緻鞋履，有似乎能見證愛情永流傳的鑽石珠寶，有乘坐私人飛機前往歐洲古堡參加宴會的浪漫驚喜。這華麗的夢中之夢顯示了人類造夢的偉大能力，如此讓人心醉神迷，樂此不疲。

而進入紀錄之後，對於這個夢中之夢我不僅是懷疑，而是能有更清楚的看見。這些被營造的情境氛圍、被標定的業績數字，或被鞭策要達成的目標，都是夢中的遊戲。而既然要玩遊戲，為什麼要苦哈哈，而不是開開心心呢？開心是全然打開自己的心，以不同的視野重新定義遊戲對自身的意義。而既然人類造夢的能力如此強大，我想我是否也能打造自身獨一無二的夢境？不是職場上的爭權奪利或者腹黑心機，而是誠心正意的玩這一局？

紀錄的神聖智慧給予我許多指引與支持，讓我決定以不同的角度面對自己的工作與人際關係。例如對於品牌在百貨商場內的展售店，我視其為「愛的廟宇」，我暗自期許每一個走進品牌店鋪的客人，無論生意成交與否，都能在其中感受愛的流動與分享的快樂。

我仍然關心生意好不好，仍然努力達成業績目標，但我更在乎我所及之處所能帶進的品質：是喜悅與輕盈的氛圍，是更多同理心的理解；還是恐懼、索討與批判？我在心中暗暗定錨品牌銷售據點就是神聖的殿堂，而我的存在正是為了帶來更多的平靜與愛。以上的意圖不僅和順了我與合作夥伴的關係，扭轉了許多原本可能會上演的戲劇化情節，也幸運地讓品牌的業績不斷蒸蒸日上。

記得在一次品牌經理人會議中，我的上司、也是當時亞太區最高主管，因故在會議中憤怒咆哮，會議室中瀰漫著緊張與不安。而正對他而坐的我，在他怒氣喧囂

ORIS

的第一個反應並不是忙著替自己解釋，而是持守自身內在的平靜，並悄悄地在內心送上祝福。不知是否是我的祝福奏效了，不消一分鐘，這個原本盛怒如火山爆發的歐洲男子突然安靜下來，看著我說：「你怎麼可以那麼平靜，你的平靜嚇到我了，我對我的態度感到抱歉……」在這個例子中，嚇人的不是憤怒，而是平靜！而平靜所帶來的當頭棒喝，是讓我們能從一個戲劇化的情節中驚醒過來，不被情緒控制，而能如實的交流與溝通。

工作與人的連結是業力的相遇。而無論你工作的目的是營生、發達，或者自我實現；這些旅程如同生命中的所有旅程，都是為了幫助我們看見自己並活出真實。庸庸碌碌的工作難道是為了讓你日復一日地過著索然無味的生活？處處找碴的老闆與在背後說三道四的同事，難道他們的人生使命就是讓你諸事不爽？透過更高智慧的指引，讓我看見每個人都有其扮演的角色，而這些情境與角色設定，都是暗示我們回家的指引：回到你內在的家。

跟隨紀錄學習的旅程，我大量清理了累生累世沉重的情緒包袱與限制性的信念。而紀錄給予我的建議包羅萬象，從身體鍛鍊、人際關係、生活起居、健康保養，投資理財到事業經營，不一而足。而清理的工作並非總是一帆風順、輕鬆自在，其中經歷許多伴隨著能量轉化所帶來的迷惘與困惑。但是當你內在有師父，而且是一整個團隊的師父，你不會迷失的。期間我曾經歷所謂的靈魂暗夜，業力消融過程所帶來的過渡期是深不見底的黑暗……，然而內在智慧給予我的支持，讓我明白無論多大的痛苦都可以被交託、被轉換，被提升為愛的看見與慈悲的理解。

走向內在的旅程

二〇一九年夏天，我在一片譁然之中，跟隨紀錄的指引離開精品品牌的工作。那時候內心清清楚楚的知道時間到了，是時候要將更多注意力放回自己的鍛鍊之上。這個鍛鍊包括身與心，包括能量的重新調頻，包括全然地以本來面目好好生活。而我非常幸運，也很任性地放了自己一年長假，完全專注於內在的功課。

就在這段期間，我本來想取得阿卡西紀錄解讀師的資格，但我的紀錄卻告訴我還不是時候。在某次滑手機時，偶然看到「希塔療癒」（Theta Healing）的課程，資訊說明這是由美國人維安娜．斯蒂博（Vianna Stibal）所發展出來的療癒方法，其結合了深度冥想與腦部科學，希冀能對身心靈各方面都帶來全面的轉化。而就在自身阿卡西紀錄的指引下，我報名了第一階段的希塔課程，然後是第二階、第三階，從取得療癒師資格再進一步取得導師資格，中間還穿插了研習芳香療法、瑜伽鍛鍊與牌卡解讀等學習。而在取得希塔療癒國際證課程之後，我回到了當初引我入門的「師父」門下，取得阿卡西紀錄高階解讀師的認證。

探索廣大無垠的宇宙奧祕，讓我時時充滿喜樂，並對於內在的起心動念能有更敏銳的覺察。而學習永遠是讓人更謙卑的旅程，因為學無止境！清理之後會發現更多的清理機會向你展現，挖掘之後會知曉何處尚需要進行更深入的挖掘。

然而如同掘井的藝術，挖掘出的汙泥並不是我們的對立之物，它僅是附著於我們身上的習氣、記憶與情緒。被轉換的汙泥能成為滋養豐盛與喜樂的沃土，如同被釋放的沉重信念與情緒並不會讓我們失去自我，而是得以活出更擴張與更自由的生命。

從進入紀錄第一天以來，我的每日晨練就未曾停止。而在接觸了希塔療癒之後，

我會依照當日的靈感連結阿卡西紀錄或者上七和造物主聊天談心。有時候因為工作時間的安排而未能好好安坐在位子上靜心，我就會利用任何可能的空檔連結我內在的師父們，無論是通勤、走路、泡澡，或者是一杯咖啡的時間。

與內在更高智慧的連結，如同找到一個美妙的方法隨時向宇宙充電，而且是無窮無盡永不匱乏的電力。人生在世，疲累有時，情緒有時，孤單有時，但能與更高智慧的連結，讓我清楚知道我是個有靠山的人！這個靠山不是外面的世界，而是你內在整個浩瀚的宇宙。是造物主的恩典，是阿卡西紀錄的神聖存有，是一切萬有所顯化的神靈、天使、指導靈、高我，是你內在最核心裡的光與愛。

覺醒，通往豐盛的道路

常有人開玩笑地問我：「做為一個傳訊者，你是否過著如同仙女般的生活？每天靜心冥想、瑜伽練習，而且不食人間煙火。」

每天靜心與瑜伽，的確是我生活裡的紀律，然而那與我是否為傳訊者不必然有關。因為任何人都能在瑣碎的日常裡，為自己內在創造一方淨土，在安靜中重新感受與知覺自身的完整。

生活可能為你帶來千瘡百孔，然而一旦知曉自身內在是完整的，豐潤是你能為自己活出的品質。

至於是否不食人間煙火呢？答案可能要讓諸位幻滅。

對我而言，世界雖然是個幻境，但並不代表我們不能在海市蜃樓中自在享受。

物質與身體雖然都僅是短暫的駐留，然而不意味我們不能安住於這些無常的現象，並在其中喜樂。所以我不僅食人間煙火，而且大部分時候，還相當享受人間煙火所帶來的滋養。

而享受是什麼呢？享受是明知道這一切都將人去樓空、灰飛煙滅，但你仍然能夠全然的去經歷，去愛。

你的經歷中不攜帶過去沉重的記憶包袱，而是能以輕盈與新鮮的眼光去體會。你的愛中沒有傷痛與恐懼，而是能純粹與毫不保留的去愛。

而相信我，在所有你能夠以覺知全然投入的體驗裡，無論那是什麼，都將成為你能夠享受的瓊漿玉液。

所以，走在通往覺醒道路上的風景，不必然是蕭瑟的苦與寒冬的孤寂。恰恰相反的是：覺醒是通往豐盛的道路，而豐盛中沒有恐懼與缺乏，沒有非此即彼的二元對立。豐盛是你能夠自由進行你想要的選擇。

因此，走在覺醒的道路上，你可以選擇遺世而獨立，以苦行般的紀律來成就；你可以選擇愛的道路，以奉獻與服務來提升；你也可以選擇在世俗的生活中，以醒覺的意識來生活，為你所及之處帶來更輕盈與更平靜的能量。

覺醒之道有千千萬萬種，有多少人就有多少種活得更加覺醒的方法。跟隨你的心，活出屬於自己獨一無二的風格，並且放下對於哪一種方法與哪一種形象才是覺醒的執著。因為覺醒的豐盛之道不是排他的，而是海納的；是看見各種身分與際遇的背後，都是為了個體進化的目的所量身訂做的角色扮演。

而覺醒意識正在於明白你正在扮演的角色，你心中清清楚楚你不僅是這個角色，而是在「扮演」它。這個有距離的理解，將有助於我們不過度沉迷於人生劇情，而能以更高的視角去重新體會這些角色的意義，並從中賦予力量，甚至改寫故事版本，創造你真正渴望的人生。

覺醒之道——連結神聖智慧，內建最高版本的CHAT GTP

是的，既然通往覺醒的道路不只有一種樣子，與更高智慧的連結自然能夠在方方面面都為我們所用，為我們提供全方位的人生指引。

對我而言，進入阿卡西紀錄或者希塔腦波，就如同自身內建的CHAT GTP，而且是來自源頭最高智慧的指引。你可以透過歸於中心，在其中探詢任何你想要了解的主題。

無論是工作上的疑難雜症、關係中的錯綜複雜、小孩教育問題、寵物健康、情感失和、理財方向、失眠問題、健康議題、童年傷痛、母胎單身，或者家中為何總是有難以去除的蟑螂小強？別懷疑，以上都是我在個案諮詢中實際遇到的個案煩惱。而神聖智慧的指引不是大數據的歸納，而是根據你個人所量身訂做的指引。所謂指點迷津，就是當我們迷失於人生渡口時，神聖智慧能以清透的亮光照進迷霧之後的看見與瞭然。

而這些來自神聖智慧的指引，並不是一言堂式的霸權，也沒有所謂被寫就的命運，或者如果你不照做就會受到懲罰的恐懼統治。你可以選擇傾聽後接收訊息的建議，也可以依照自身的渴望去體驗你想要的情境。

覺醒之道——活出真實的自己

在收到要出版這本書的指引時，我內心其實是有些抗拒的。雖然書寫的過程如此流暢與令人喜悅，但是想到要公諸於世，不知道為何，我有點膽怯。

在深度的挖掘裡，我看見原來某一世的自己曾經身為女巫。而在歐洲那個視女巫為異端、必須處之以極刑獵殺的年代，我必須小心翼翼地隱藏自己的身分。然而即使如此，我仍然受擁護者的請託而收了幾個徒弟，並持續透過儀式、魔法與藥草來協助他人。

在那個一點風聲草動都能降罪於女巫的年代，某一個擁護者告發了我。我在內在的視覺中看見自己被綁在台上，被處之以恐怖的極刑，被群眾扔擲石頭；最後雖然勉強活了下來，但已經毀容並傷痕累累，終生離群索居，孤獨終老。

而這個關於揭露自己是誰，自己有什麼能力的恐懼，竟然穿越時空，令我只要想到要公開發聲，全身的細胞就顫抖無比。

在這個顫抖裡，有對表達自我內在真理的恐懼，有對人與對神的信任危機，有害怕一旦揭露了自己是誰，我就會受到恐怖的懲罰與嚴厲的孤立。而幸運的是，透過清理這個靈魂之中深層的痛苦，我終於釋放了這份以極其幽微的方式影響我的恐懼。關於活出真實的自己，關於自在的表達我是誰，於我終於不再是一個需要遮遮掩掩的課題。

而這份對於安然呈現自己是誰的自在，是觸及生活所有層面的。它不僅讓我更有力量地走在自己的天命道路上，也實際地幫助我擁有更喜樂的人際關係。因為事實是：當你無法在關係中表達真實的自己，你也在阻止他人有機會愛上真實的你。

而人一旦能以本來面目來愛與被愛，以本來面目來生活與行動，那麼關係之於你，將不再是一個束縛，不再是一個需要糾結的限制，而是一份能帶來溫暖與滋養的力量。

覺醒之道——內在的答案

不是仙女，而只是一枚凡夫俗子的我，在每天收訊與紀律的靈性練習中，仍然要繳帳單、付房貸，與倒垃圾。

是的，擁有內建神聖智慧的 CHAT GTP，並不意味你不會面臨工作上的挑戰，不會有關於小孩伴侶或家庭生活的各種煩惱，不會有金錢的議題需要處理，或者人人都能無條件地接受你，一見到你就法喜充滿。不是的。

與神聖智慧的連結並不是使你逃避你該面對的生命課題，而是協助你能以更高的視角、更輕盈的步伐，與你所處的任何情境曼妙共舞。

L（化名）是一名任職於外商公司的中階主管。他所身處的工作環境，不僅要面臨高壓的KPI，還有他口中爾虞我詐、勾心鬥角的職場環境。他找我諮詢的議題圍繞在各種職場現象，無論是別的部門總是在背後捅他一刀、某某小人又在扯他後腿、某單位處處給他難堪讓他無法好好做事……，或者明明自己那麼認真、那麼勞心勞力，怎麼大家好像都看不見？而最困擾他的課題，莫過於他似乎永遠無法留住金錢，即使收入不差，但L不僅是個月光族，甚至還背負卡債。

在數次深度的療癒旅程裡，L一次又一次清理了大量對於「我不值得」的信念。

這個「不值得」，包括自己不配得擁有美好的生活、不配得被他人接受與信任、不配得享受金錢的富足、不配得以輕鬆簡單的方式來成就、不配得經驗自己真正渴望的人生。

而當你覺得自己「不值得」時，自我的無價值感與無力感，會引動各種人事物對你的生命進行種種看似「懲罰」的現象。無論是人際關係上的緊張與背叛（因為你相信自己不值得擁有安全與可信賴的人際關係）；無論是事情的進展似乎總是充滿困境與刁難（因為你相信自己不值得以不費力與順流的方式享受生活）；又或者入袋的金錢總是會出現相應的事件讓其瞬間溜走，可能是車子意外擦撞或者家人即時需要一筆金錢緊急救援（因為你相信自己不值得擁有金錢餘裕的豐盛）。

這些或隱或顯的信念和感受，有時候是我們可以意識到的童年陰影；有時候則是藏得更深更幽微的身體記憶、家族模式、祖先傳承、多元生世中未被釋放的情緒能量，或者內嵌於靈魂深處中的恐懼與傷痛。

一旦連結神聖存有的無邊智慧，那些我們在今生今世以為無法克服的困境或者無解的障礙，其實都是有解的。而這些解答早就存在於我們之內。

覺醒之道——與當下共舞

透過深度的信念挖掘，L逐步清理掉關於「我不值得」的深層信念，於是他開始能夠以「我值得」的導航模式，重新開啓人生的新航線。那個影響不僅是工作與職場情境上的轉變，也包括他與金錢的關係、他與人的關係。

因為當你是值得的，你會深深敬重自身的價值、你不會讓能量吸血鬼無故消耗你；而能夠在愛自己的前提下，珍惜自己的時間與能量。

與神聖智慧連結的妙用正在於此。當任何困境與挑戰出現，你知道你要做的不是逃避，而是透過這些情境或者事件的提醒，返回自身內在尋找答案。你會深深知曉自己是個有資源、有力量的人；而這份由內而外的力量將引領你，走上你生命所應如是的豐盛。

而什麼是豐盛？豐盛是你能夠自由選擇；是你能有內在智慧的指引，以你的方式回應這個世界。

豐盛也是你能夠自在的創造你所渴望的體驗，而不必受限於各種關於不可能的恐懼；是你能夠安然處於生命中的任何階段，享受映入眼前的風景；是你能夠體會生命以各種方式滋養你與支持你，你是安全的。

豐盛是你不必透過苦心的謀略與控制，就能輕鬆享受生命的順流；豐盛是喜悅，是愛，是包含了各種差異也超越了各種差異。

是的，豐盛是你以自己的姿態走在屬於你的道路，並活出屬於你的覺醒。而這份覺醒不是苦澀而是甘甜，不是束縛而是解脫，不是限制與充滿但書，而是各種活出自由的無限可能。

覺醒是與當下跳一支暢快淋漓的舞，而這舞蹈，即是生命的豐盛。

來自宇宙神聖智慧的每日訊息——1月

1月1日

愛的神機妙算不用心機，而是誠心正意。

唯有以心導引，校準內在座標，啓動愛的指南針，才能看見方向。而指引不在外面的世界，就在你之內。

向內看，向內找尋。

關於愛的神蹟，關於愛的錦囊妙計，都在你自己之內。

1月2日

當你的內在衝突不斷，你不僅在與自己鬥爭，也在與你所處的任何關係鬥爭。當你聚焦於敵人，你的能量所及自然顯化為許多需要迎戰的敵人。當你聚焦於愛，你甚至能夠化敵為友。

馴服內在的敵人。當你揮劍，你所要斬除的，乃是內在習氣的限制與記憶對你的束縛。當你能與自己好好相處，內在不再有衝突鬥爭，不再有分裂與對自己的批判；那個能讓你安靜放鬆下來，而無須武裝的對象自然會出現。因為你已經能夠這樣對自己了。

你渴望的溫柔，在任何人能給你之前，你都應該能夠先給自己。

1月3日

每一天，都是你能使用魔法的日子。靜下心來，想一想如果你有魔法，那會是什麼？

是煮一手好菜，撫慰他人脾胃。

是說一句好話，給人信心喜悅。

是展露微笑，讓人因為你而更放鬆，更釋然。

是給出原諒，讓自己和他人都重新體會自由。

是提供協助，並對他人產生啓發。

是澆花、剪枝、照料庭園，是連結你與大自然的能量。

是看見事物能夠不一樣的可能，並做出貢獻與改變。

是說出真實的語言，表達內在的真理，並引動整個能量場的提升。
今天就是你施展魔法的時刻，事實上，時時刻刻都是。

1月4日

愛是敞開心不封閉，是如實感覺你的感受，並且學習不入戲。
如實感覺，意味著不逃避任何在心中所升起的情緒，直面自己。
不入戲，則意味著以更高的覺知去體會與了然這些感覺，而不盲目的行動。
如果你感受到憤怒，你不是被情緒盲目地牽引而恣意放縱憤怒的引爆；而是透過有覺知的看見情緒背後的能量，學習有智慧的去表達你的情感與需求。

1月5日

關於愛，最簡單的行動就是給出關懷。而這不需要用他人或者世界以為的形式，而只是你自己的方式。

無論是一句話，一個問候。

無論是鼓勵受傷的心，或者為破碎的靈魂默默送上祝福。

當你給出關懷，就是允許愛的流動。但請記住，隨著關懷而來的不應該是壓力，不是要對方必然以你期待的方式去接受關懷。

如同當你給出禮物，收禮人如何回應，已經不屬於你的故事了。給出你的關懷，讓愛流動，然後就放下。

讓愛自由，是讓關懷輕盈而沒有壓力的祕訣。

1月6日

當你是喜悅的，你才能將喜悅的能量分享給他人。

而所謂「你不能給出你所沒有的」，那個「沒有」並不是你真的沒有，而是對於「沒有」的誤見。你沒有看見，你其實是有的。

一個以為自己不被愛與不知道如何去愛的人，並不代表他沒有愛。一個將生命視之為苦難與受罪的靈魂，也不代表生命不能將喜悅給他。

這一切在於你們的眼光與看見是什麼。

你看見了自己是匱乏的，還是你看見了關於神性的豐盛品質，其實你本自具足。

請去挖掘你內在的寶藏，讓你內在的豐盛如泉水般汨汨湧現。

去看見自己的有、自己的豐足、自己的可能，這就是朝向你渴望人生的第一步。

因為看見就是力量。

1月7日

不是一般所謂順著他人的毛摸，而是「順著自己的毛摸」，因為前者是向外取悅。

順著自己的毛摸，意味撫平內在的糾結，解脫情緒束縛，讓一切澄朗明白的洞見，能夠自在地從內在自由升起。

於是你會清楚看見心中的指引，你會知道該前進的方向。

不需要去追逐別人指向的星星，你要前進的方向，只有跟隨自己內在星辰的指引。

1月8日

魔法的動力來源就是你，因為所有煉金術的祕訣都在魔法師的起心動念。

想要施展愛的魔法嗎？那麼請留意你的動機與思想，並根據內在最高的指引去行動。

魔法不在他人身上，魔法在你自己身上。

1月9日

不要擔憂膽怯，因為那將阻礙愛的能量流向你。

活得喜悅，盡情做自己真心喜歡的事；而不是這世界告訴你，應該要做的事。

讓喜悅的振動提振你的能量場。

一個喜悅的人是不會缺乏愛的，這是宇宙的保證。

1月10日

放寬心感受。放寬心空白。放寬心享受寂寞。放寬心讓情緒淌流而不批判。

放寬心經驗痛苦，不逃避或譴責你的情緒。全然感受你的波濤洶湧或湍急暗流。

放寬心看見自已的慾望，慾望並不可怕，可怕的是你對它的評斷。

放寬心放下所謂非黑即白，因為那是人為的論點，而不是神的觀點。

放寬心成為自己，綻放自身獨一無二的美麗。

是的，放寬心。

1月11日

所謂順流而行，順的是什麼流？順自己的流！你內在是一個寬闊與廣大的能量場，你就是你所創造世界的中心，所以順從你的內在之流，就是跟隨你內在的流動。跟隨你內在的真實與渴望，將指引你去創造不費力的豐盛。

1月12日

放輕鬆，你才浮得起來。拚命掙扎，只會困頓於生命之流裡。放輕鬆，讓水流帶著你順勢前往你需要前往的地方。沒有任何人事物需要緊張的，就是放輕鬆進入任何你需要經歷與穿越的劇情。而當你放輕鬆，全然臣服，宇宙的各種支持與祝福，才能順勢進入你的生命中，去支持你的成長與進化。

1月13日

愛與被愛是同等重要的能力，因為這是允許能量以自由自在的方式流動與滋養生命。

有人勇於付出卻怯於接受，因為內在有著「我不值得」、「我不配」的信念，那是對於接受感到虧欠與愧疚的內在設定。

當你能夠自在接受他人的關懷與愛意，你也同時允許了他人的成長和對愛的表達。你在接受之中，將能有更飽滿的能量去給予。

被好好的愛，也是能夠好好給出愛的祕訣。

1月14日

不要將自己的魅力與你身體的數字聯繫在一起，事實上，它們可以完全沒關係。

你的魅力取決於你的能量場。它是溫暖、飽滿、喜悅與充滿愛的？還是破損、混濁、沉重，與充滿各種慾望雜念的呢？

當你的能量場是飽滿與純淨的，你自然會吸引你該有的豐盛。你們肉身的接觸是非常末端的可見接觸，能量場的觸及則是先於你們的肉身接觸。你們並不是先透過身體，而是先透過能量在引動與連結的。所以你的魅力來源，怎麼會僅是身體呢？

你不只是你的身體，身體是你存在於這物質世界的載體。身體非常重要，身體的健康能協助你擁有一趟方便的肉身旅行。但是你並不等於你的身體，要有意識地透過能量來運作身體，讓身體發揮更高的價值，並豐盛你的旅程。

1月15日

對自己溫柔，才能對他人溫柔。

溫柔是坦率的承接自己，包容自己所有一切，而沒有批判。

你批判你的身高、體重、胸部、腰圍？

你批判你的成績普通或事業表現不如人？

你批判你的原生家庭、兄弟姊妹？

你批判你的枕邊人沒有達成你的期待？

你批判你的人生際遇生不逢時、遇人不淑？

溫柔，從不批判自己開始，並能柔軟接納自身的一切。而接納自己本來如是的從容，將使你的生命放鬆下來。在放鬆之中，能量才能自由流動，沒有緊繃，而更高的洞見才能在你內在冉冉升起。

在更高的看見之中，你會明白一切都是愛的奇蹟。而一旦徜徉於奇蹟之海，你能夠回應世界的就是溫柔。

1月16日

無須追求所謂「靈動」，無須追求覺醒或者執著於什麼法門。你們要做的，只是專注於生活本身，生活就是最大的道場。

不要迴避生活中所有柴米油鹽醬醋茶，不要厭倦你要擔負的責任與義務，但要對此保持覺知！

去看見你以為的責任與義務，真的是你必須一肩扛起的負擔嗎？或者你只是盲目回應了這世界的投射？

覺醒的道途不在遠方，不在遙遠的喜馬拉雅山。覺醒的道途就在現在，就在此時此刻你當下立足之所。

在任何生活的縫隙裡，看見感恩的機會。

在黑暗的地方帶進光明，因為你能點亮手中的火把。

與每一個相遇的靈魂分享愛。

為你所處之地，帶來更高的秩序與更柔軟的氛圍。

在每一個夜晚，心安理得的入睡。

修行的道場就在你的家、你的辦公室、你的餐桌，在酒吧、在公園，在任何你們可以想像得到的地方。

1月17日

性不僅在身體層面，也在能量的層次上運作。當你們的身體水乳交融，你們的能量也在交纏互動，那乃是美麗與壯闊的能量之舞。

對性關係保持覺知。意思是：你想與誰在能量上呈現糾纏態？你想讓誰在能量與頻率上對你產生影響，即使你們已經不在性行為的過程裡？

能量不滅定律，凡是發生的都不會無故消失，而是要透過轉化來讓能量有所不同。對此保持覺知，是對自己和對他人的尊重與珍惜。

1月18日

無中生有的創造，不是什麼都沒有，而是讓自己內在澄空，以一個承接的姿態去領受宇宙給予的訊息。

事實上，宇宙無時無刻都在給予。透過大自然，透過樹梢的光影，透過風息的呢喃，透過雨聲帶來的洗滌與淨化，透過你們以為的巧合帶來共時性的安排。

這世界並沒有巧合，一切都經過精心與巧妙的設計。去看見這些神妙的安排並不需要超能力，只需要澄空自己的內在，你就能領受宇宙萬有所要分享的美妙。

1月19日

慈悲心，不一定是成為你們所定義的大善人。

慈悲心是同理他人的能力。同理他人就是能夠換位思考，去看見對方隱藏的痛苦與困難，去理解他的焦慮與悲傷，並同時看見他人的機會與力量。

慈悲的回應不一定是你們對於對方的呼求有求必應，一呼百諾，而是跟隨內在的指引去行動。

去看見你們的慈悲是否能讓對方賦能，還是削弱對方的力量？當對方因為你的慈悲而不去對自己的生命負責，就是你們需要以更高的智慧，去省思慈悲的時候。

1月20日

大自然沒有一株植物會羞怯於自身的開花，它們對於自身的綻放是那麼理直氣壯。所以，你為什麼要掩藏自我的真實？

當你勇於展現真我，並活出自身內在的芳華，你的存在與行動就在鼓勵他人也以那樣的姿態活出自己。

1月21日

允許「小我」表達。

小我是你未完滿的慾望，而你可以透過大我的引導，讓小我有智慧的去表達與完滿那些隱匿的渴求。無論是渴望愛與被愛，被理解被看見，或者被實現被經驗。

小我也是你的一部分，它不是你的敵人，而是需要被照顧與關懷的孩子。當你給出愛，小我會順服於大我的指引。

小我是基於生存恐懼的，當小我能夠被好好關愛，那個恐懼會在愛的臨在之中解除它的生存危機。

1月22日

看見你內在的渴求，它們是如此寶貴。它們意味著你們尚未完滿的慾望，請勇於看見，並加以實踐！

請順著自己生命的路徑，走在你靈魂渴望的道路上。不要以為你沒有指引，指引其實就在你心裡。去感受你的起心動念、你的歡欣喜悅、你的興奮熱情；你會看見方向，你內心的燈塔。

1月23日

慈悲有時候是一個看見、一個理解，是你能穿透任何事物表面並深深瞭然與透徹的真理。

那是不帶濾鏡與世俗判斷所看見的真實。

在所謂惡人身上，看見他們隱藏的恐懼。在忌妒的人身上，看見他們未被完滿的缺乏。在憤怒的人身上，看見他們內在的渴望，其實是愛的擁抱。

去理解與看見，有時候就已經足夠讓這些未被平衡的能量，得到撫平的機會。

1月24日

活出真我，是天經地義的大事。事實上，這可能是你來到世間旅行最重要的一件事。

在這個塵世遊戲裡，你會透過許多世俗的角色扮演，來看見與體會你內在的真我。千萬不要被這些角色所迷惑、所限制了！所有的角色扮演都是來幫助你認出並實踐真我，而不是用來束縛你活出內在的本然。

1月25日

慈悲的表現，有時候不是你們以為的樣子。

真實的慈悲不一定是按照人世以為的劇本演出，無論是世俗認可的行善、布施，或助人。能夠給出一己之力去福澤他人是非常擴散的能量；但重要的是，慈悲的動機是什麼？

不要因為恐懼而布施。不要因為內在的缺乏而助人。不要因為他人覺得該如何，而去做那些看起來慈悲的事。

有時候慈悲僅僅是對自己的善良，對家人的原諒。是說出內心的真理，即使你的環境並不認可。是給予旁人一個簡單的微笑。

慈悲不是要去做一件什麼特別的事。慈悲是心的柔軟，並以這樣的柔軟回應世界。

1月26日

真愛裡沒有犧牲，犧牲是完全不需要的概念。

你可以奉獻，將自身的能量投注於一個你願意熱情以對的目標；但不需要在減損自身能量，與讓渡自身權利的方式下去進行。

真愛會讓你更有力量，賦予你權力。真愛不會削弱你的力量，讓你覺得自己更渺小。

1月27日

全然接受自身的每一個面向，如此，你方能真實的擁抱他人。

去看見光明與黑暗、堅強與脆弱。玫瑰與刺，都是你。

有人無法接受自身的陰影，有人甚至連自身的光明也無法坦誠。恐懼陰影與害怕光明都無法活出全然。

擁抱並活出自己，你們方有力量去接受他人的多種面貌。

請帶著不二的寬闊視角，那麼，自由便是你們能夠活出的美妙品質。

1月28日

愛的神機妙算，基本上不去算。

放棄計算利益得失，放棄估量誰輸誰贏。

而是將眼光專注於當下，穩定於內在的中心，並接通更高智慧的指引去行動。

如此，你所獲得的指引不是大數據跑出來的數字分析，而是更高的洞見與更清明的靈感。那是符合你靈魂需要，呼應你生命階段的策略與指引。

1月29日

怎麼舒心，怎麼生活。

怎麼自在，怎麼生活。

怎麼歡天喜地，怎麼生活。

怎麼熱愛，怎麼生活。

怎麼樣能夠好好的活，能夠滋養與壯大你的靈魂，撫慰與照顧你的身體，並讓你內在的細胞喜悅歡唱。是的，這就是指引與路標之所在。

1月30日

慈悲是不批判他人，也不批判自己；不論斷他人，也不論斷自己。

當你以是非評論他人，你也同樣以利刃朝向自己。

對生命保持寬容不是和稀泥，而是不以世俗二元對立的標準去論斷，並永遠看見自己與他人靈魂裡的美善。

你能夠看見隱藏在憤怒背後的，是對愛的渴望嗎？或者，一個為惡之人背後的驅動力，其實只是一個孩子對於能被父母如實看見的期待？

以更高的覺知去理解，而不是評斷，那麼就能騰出空間，孕育慈悲。

1月31日

體驗旅程中的曼妙，不在於你走到了哪裡。目的地不是重點，目的地僅是一個看似獎勵的機制，讓你能更有動力往前走。

旅程本身才是重點，事實上並沒有什麼終極的目的要達成，甚至連開悟這樣的概念也不是所謂的終極意義。別被要去達成什麼目地的概念迷惑了，而忘卻了體會過程之中的一切。

去完整與如實的經歷，其實就是整個旅程的意義。

愛的練習之一

看見並活出光

這個月，邀請你每天看見自己與他人的一個優點，並將它們記錄下來。對於看見他人優點的練習，每天請至少列出一個，如果能夠同時看見很多人的優點，那麼多多益善。

這個優點並不需要是他人以為的，而是你自己喜歡並能夠為之讚美的。寫下你欣賞的特質，並說明為什麼。

例如：

優點：純真沒心機

爲什麼：能享受簡單的快樂，並保有內在的純粹，雖然有時候傻里傻氣的，但我喜

歡這樣的自己

這個練習請在早晨進行，最好是你起床之後、出門之前。允許自己有安靜的十分鐘，感受你對自己的喜歡和對他人的欣賞，並由衷記錄你的觀察與感受。針對你早晨寫下來的優點，請在當日一整天都特意活出它們。

如果你寫下自己的優點是「體貼」，那麼請在當日特別留意並展現這樣的特質，去感受當你表達體貼時所帶給自己的感受。

如果你寫下他人的優點是「直率」，那麼請將這項特質帶進你的生活裡，至少在一件事上展現出直率的品質。

一個月後回顧你寫下關於自己與他人的優點，深深看見這些特質（至少六十二個）都已經成為你的美好。它們已經在你之內，或者只要你願意，你便有充分的潛力可以活出這些閃耀的光。

愛你們，獻上祝福。

來自宇宙神聖智慧的每日訊息——2月

2月1日

你就是自己的命運，你掌握並決定了自身的生命要往何處前進。祕訣是什麼呢？覺知你說的話、你的行動，並且有意識的生活。

注意言語的力量，它就是每天你能使用的魔法。

對自己和他人說誠心正意的言語、有愛的言語。無論你們以為自己的初衷是多麼良善，「刀子口豆腐心」都不值得鼓勵，因為那是內在衝突的能量。

如果你有一顆豆腐心，為什麼需要用刀子口去表達呢？

讓身心協調，沒有衝突與扭曲，如此你能更有愛的對待自己與他人，並在這個世界上好好生活。

不要忽視言語的力量。讓說出口的話，成為你對自己、對他人的祝福。

2月2日

跟隨你的心，你內在最深邃之處。

跟隨你的渴望，你內在最深沉的夢想。
不要被世界的教條馴化，而忘記你內在的野生蓬勃、純真的野性。
馴化是與真我的分離，讓你誤以為人為的教條是世間的真理。但是真理從來不在外面，而在裡面。通往你內在的道路，就是通往真理的道路。

2月3日

慈悲是能站在他者的角度看事情，但不一定認同。
是能夠看見事物表面之下的真相，看見每個受苦感覺的背後，都有一個緊抓住不放的信念。
悲傷的背後可能是恐懼，恐懼的背後可能是缺乏。而當你能夠看見，自然能在心中升起理解的慈悲。
慈悲是一種理解，而這個理解來自智慧，也就是更高的看見。

2月4日

有時候慈悲是奉獻，是分享，是給出自己。

有時候慈悲也是拒絕，是勇於說不，是讓對方的學習回到自己身上。有時候外力看似慈悲的協助，卻讓他者錯失了為自己的生命負責的機會。

慈悲的樣貌並非千篇一律，而是要立足於自身的中心，看見什麼才是最正確的行動，那個慈悲才是有力量的。

2月5日

你的愛是否充滿條件？無論這些條件是關於物質、外貌、家世、能力、人品、內涵，或者學歷？

好好去觀察這些「條件」，它們是什麼？這能讓你更了解自己。

你的信念系統與內在渴求，決定了你認為的條件是什麼。觀察你的條件，意味著重新思考，那些條件讓你更接近愛，抑或遠離愛？

請去感受你為什麼需要這些條件，這些條件為你帶來什麼好處？它們對你的意義是什麼？去更明晰的看見，條件的存在是讓你受困於這世界的框架，或者更接近了內心真實的渴望？

2月6日

你渴望得到什麼，你就給予什麼，這是黃金法則。
當你給予了，你將體驗得到與付出之間微妙的能量平衡。不要當乞討的受害者，那麼你就先給。
而你能夠給的，必然是你能夠接收的。

2月7日

光明不是沒有黑暗，而是包容了黑暗。

不要排斥與隱藏你的陰暗面，而是透過包容與看見自身的陰影，來擴大你的能量場。

當你全然接納並擁抱自身所有的光與暗，你的力量才會是真實的。

這份真實包含愛你的人性，也同理他人的人性。包含不帶批判與條件地去看見人世間的各種面貌，並能與之自在相處。如此愛不會是分裂的、有但書的，而是能更全然的敞開。

2月8日

你們內在的任何渴求，無論是什麼，都不會是錯誤的。

去看見自己渴望的重要性，乃在於它們讓你真實的看見自己的需求、自己未完滿的慾望，以及你是誰。

而知道自己是誰，是此生活出最高版本的祕訣。

2月9日

人生的順風與逆風是並存的，因為那是局勢之風，是你的能量與共業所匯集而成的一股勢能。

任何人都會走在局勢的順逆之中。但是內在的順與逆、悲與喜，是操之於你的。處於逆風時，學會謙卑臣服，養精蓄銳。行於順風時，享受順流而行，嶄露光芒。

當需要大張旗鼓的時候別猶豫，正如同該低調沉潛的時候，也不要遲疑。陰陽同為一體，時陰時陽，順勢而行，這樣就不會白費氣力，並能活出人生的優雅。

2月10日

靈感之流，不待外求。

靈感之流是當你接通了宇宙通道，源源不絕流向你的才華。要怎麼做呢？請時常接觸大自然，敞開你們自身，並且不讓世俗觀念完全綁架你內在系統的運作。如此，源頭的訊息與豐沛的資源，才有空間順暢地流向你。

事實上，機會一直是為你敞開的，但你內在系統的封閉卻阻礙了你去看見那樣的豐盛，阻礙了你去領受源源不斷的創意與內在的指引。

不要完全相信外在世界所告訴你的，應然的追求。而是去回應你內在之聲所告訴你的，真實的渴望。

2月11日

唱一首歌，不是世界定義的曲調，而是你內在的心之歌。

跳一支舞，莫管他人評論是非，而是綻放你靈魂的舞蹈。

在任何事物上覺醒，而不是在喜瑪拉雅山上才如如不動。

在任何遇見裡活出愛，因為你就是愛。

2月12日

感受每一段旅程所帶來的體驗，看見愛在不同階段所幻化出的各種樣貌，與它們所帶來的滋養。

你內在是什麼樣子，你便有什麼樣與之呼應的愛人。

你是平靜的，你與他人之間的關係也會是平靜的。你內在是衝突的，你也會在自己與他人之間製造不斷衝突的故事，與創造持續失衡的情節。

觀察你的關係，重新整理自己的內在花園。

2月13日

慈悲，是不對自己發怒。

憤怒是對自己的不愛，憤怒是看起來似乎比較有力量的恐懼。而你對於自己的持續憤怒，將逐漸累積為身體的毒素，日積月累將成為病痛。

平靜自己不僅是心靈上的平衡，讓生命活出喜樂自在，也在於保護你的物質身體，讓它得以成為你的得力助手，幫助你更順暢地完成此趟生命旅行。

「不對自己憤怒」是對自身最大的慈悲之一。當你對自己憤怒，你也容易對他人憤怒，並吸引更多令你慷慨激昂與憤恨不平的事件，因為你需要這樣的劇情來讓你展現怒氣。

柔順你的憤怒，不是對憤怒視而不見，而是讓憤怒引領你對自己溫柔。而對自己溫柔，就是對世界的溫柔。

2月14日

覺醒沒有固定的樣子。覺醒不是模板，不是套路，沒有公式，有多少人就有多少覺醒的方式。

覺醒可能發生在你們之間最富有與最貧窮的人身上，可能是高僧大德，也可能是販夫走卒。覺醒沒有固定的樣子，因為覺醒者不再需要形象與外界的認同來證明自己。

覺醒也不代表你不能享受你的生活。事實上，因為覺醒，你更能享受一切人間風景，因為你將不再為自己創造戲劇情節。覺醒也不代表你沒有小我，小我繼續存在，只是更容易臣服於神我的引領。

覺醒不是一個你要變成的樣子，而是你要憶起的狀態。覺醒之道不是要你向外追尋，因為你所追尋的就在你之內。

你本來就是覺醒的。

2月15日

成功的人際關係，不是苦苦經營、耗費精神氣力的委曲求全；而是不費力卻達成的喜樂豐盛。

如何做？就是向內在做功課。成為你想成為的人，成為你想與之交往的人。

你對於他者的情緒，都是你內在的投射。是你的喜怒哀樂、你的傷痛、你的怨恨、你的憤怒，反映成你眼中的他人。

而當你能釋放這些沉重的情緒，你的人際關係也將隨之改變，因為那些沉重的能量將不再與你相應。

2月16日

你的內在有許多珍貴的寶藏，無須汲汲於向外探詢。寶藏是你內在的資源與力量，它們早已內建在你之內。

去發掘自己的寶藏，不要被「不能」、「不可能」這些限制性的信念所阻撓。

無論當下是什麼阻礙了你去看見自身內在的光，都請相信，終有一天會撥雲見日。只要透過耐心的發掘，你終會明白自己攜帶的是什麼樣的珍寶來到世間。

2月17日

不要強迫你的身體活在數字規範裡，而是順應身體智慧的流動，活出本然的美麗。

問自己：無論身材胖瘦、年齡大小、皺紋多寡，你是否都能深深愛自己？

請接納與愛任何狀況中的身體，這是讓身體持續挺你與支持你的祕訣。

2月18日

慈悲，有時候是給予自己和他人自由，是願意等待。

大自然中的每一片葉子，都在剛剛好的時間墜落。

每一朵花，都在剛剛好的時間綻放。

有時候事物需要等待最佳時間，才能醞釀出最美。

慈悲是有智慧的等待，是給予他人和自己自由，不勉強發生，也不強求無中生有，而是讓一切順其本然的自由流動。

慈悲之中沒有強迫，沒有勉強，沒有對於他人自由意志的干涉。慈悲是允許自由的流動，而自由就是愛。

2月19日

你的存在，是一切存在的原因。你生命戲劇中的一切安排，都是為你而來。你從來不是被動與命定的接受某些生命角色的設定，而是透過這些角色扮演來創造自己。

每一個角色，都是你在帷幕那一端所同意的。

請珍視自己的存在，看見一切的安排都有意義。無論你扮演的是嶄露新翠的枝枒、凋零的落葉、綻放的玫瑰，或者是深深扎根的大樹。你們所有的角色，都構成了宇宙的大美。

請珍視自己的存在。

2月20日

你的內在是一座池塘或是一片寬闊汪洋，是你能自行決定的。

當你給予自己諸多限制，你就在囿限自己的寬度與深度，囿限自己人生的可能性。

而當你決定敞開自己，拔除限制性的想法，你就在擴張內在的流域。

當你自覺是個小池塘，有許多的不能與不敢，並將自身的力量投注於「不可能」的幻象之中，這將讓一切的「不」看起來真實無比。

與其如此，為什麼不將能量投注於擴張與信任呢？事實上，真實的你，是當你摘下限制性的濾鏡之後，你能看到那個最宏偉的存在。

2月21日

不要相信任何的「不能」與「不可能」。

當這種想法浮現，請問自己：為什麼我有這種想法？這種想法來自何方？是我真的不行或者我不願意？是這件事「真的」不可能，還是我「以為」它不可能？不要立刻給自己一個不可能或者我不能的答案，而是問自己：如果這件事是可能的而我也願意的，那它們會是什麼樣的呢？我會有什麼樣的資源呢？宇宙最神奇的問句之一：「如果那是可能的，那麼我需要的資源在哪裡？」靜下心來，等待答案自你心中浮現。

無論你收到什麼答案，你都將在這個過程之中擴張自身的心量。你都在告訴自己：「我不是那個渺小的不能與不可能，我是能夠擴張的可能。」一點一滴擴張自己的容量，你會看見，因為自己的允許，你會從小池塘逐漸活出你渴望的那一片海洋。

2月22日

不要被人生的遊戲所控制。不是遊戲不存在，遊戲對其他人而言可能依舊存在，但是對於一個有醒覺意識的人而言，遊戲就僅是遊戲。
不被人生的遊戲所苦，不被遊戲的角色所限制，超脫遊戲的束縛與規範，活出你內在最崇高的本質。

2月23日

現在，就走在你的豐盛大道上。不是等到完成什麼，或者做了什麼才成為豐盛的。現在就是豐盛的。
現在，就活出你最大的喜悅。不要擔憂害怕，不要有「可是」。
從今而後，你都不需要擔憂與忌憚他人眼光。不要將力量交到他人手上，不要給予他者權利去評斷與左右你的感受。
現在，就是將力量拿回到自己身上的時候。回到內在的指引，過一個你真心渴望的生活。

如果你的內心還有許多「可是」，去想一想這個「可是」是你真的不能、不行、不願意，還是因為恐懼在說話？

傾聽你的恐懼，了解你的恐懼，擁抱你的恐懼，而當你直面恐懼，它終會消散。

踏出去的第一步或許令你顫抖，然而勝利是屬於勇於踏出那一步的人。

2月24日

慈悲是柔軟自己的心，不僵硬，不冷漠。

不要試圖阻擋愛的流動，讓自己成為愛能夠輕易在其中流動的管道，敞開身心，承接愛的滋養。

當你封閉了自己的心，就是對自身缺乏慈悲的關照。記住，無論發生了什麼，無論處於何種狀況，永遠敞開你的心。

2月25日

期待是一種能量鎖鏈，綁住了你與你期待的對象。那不僅讓對方不自由，也讓你失去了看見愛在流動的喜悅自在。

放下期待，不代表你對人事物沒有渴望。而只是明白，這份投射而出的期待，都是源自於你內在尚未被完滿的慾望。

而你是否將這份心中未完成的慾望，強加於他人之上呢？

如果對方回應了你的期待，歡喜承接。如果對方未能如你所願，你是否亦能放下？

當你能夠輕鬆接受對方的任何回應，你與他人的關係才會真正的自由。而自由，就是愛。

2月26日

人際關係裡的一切問題，都來自於你內心的投射。去看見這些「問題」本身並不是真的問題，而是你內在為什麼會對此起反應？為什麼這一切現象與感受，讓你覺得它是個問題？

當你想要什麼，而別人未能如你所願，請思考幾個狀況：

一、是別人真的不能給，還是你未能提出要求？你的需求與渴望是否被如實表達？

二、在對方未能給予明確答案之前，你是否已經假設了對方不能給或不願給？

三、當對方給的答案不如你所預期，你是否就開始抗拒與生氣？

看到了嗎，這一切的反應都是你的小我，一個缺愛、匱乏與恐懼的小我正在索討。

在這種狀況下，別急著批判與推開你的小我，請好好聽聽它在說什麼，它要的是什麼。不需隨之起舞，而是明確的告訴你的小我：「是的，我看見了，我看見了你的需求、你的渴望、你的情緒，我知道了。」

知曉這份知道，然後大方說出你的渴望並隨之行動。如果你如實說出與表達了，但仍然得不到你要的，那麼，你是否能夠給自己呢？

你是否能夠放下己見去接受對方的回應？你是否能看見他人與你的不同，而仍然能夠愛他們？

你是否看見你自以為在愛的是什麼，你愛的是期待中的對方、想像中的對方，或者是真實的對方？

如果你看見：「喔，原來我愛的是想像與期待中的對方」，那也沒關係。去真正看見是好的，因為那將幫助你覺察，事實上並不是對方哪裡錯了，他們只是不符合你的期待而已。

而他人為什麼一定要符合你的期待呢？他們有什麼義務或者使命要那樣做嗎？問題不是他人，一切造成你們痛苦與焦慮的問題，都在於你的期待與假設。而解鈴仍需繫鈴人。

2月27日

去做你真正渴望的。

不是依循世界要你服膺的教條，或者世俗告訴你的升官發財之道。

不是去符合世俗標準的成功模板，而只是在你生命的花園裡，綻放屬於自己的盛開。你們皆有各自的盛開，別浪費時間去活成別人。

所謂成功，只是如實的成為自己。活出自己的綻放，展現自己的真實，而真實才有力量。

2月28日

要先知道你是誰，才能真正做自己。

你以為你是世界張貼在你身上的標籤嗎？或者，你只等於你生活裡所扮演的角色？

千萬別小看自己，你比自己想得還要偉大。你不是渺小、虛弱、沒有力量的，而是內在潛藏著無窮爆發潛力的種子。
要讓真我的種子發芽，就要撤除你以為「自己不可能」的限制性信念，那是囿限你活出真我的束縛。
看見你的可能，你的力量。活出真我，正是從對自己的賦能與信任開始。

2月29日

不要期待他人以你期待的樣子來愛你，允許他人以他們本來的樣子來愛。前者是你小我的欲求在索討，後者則是在靈魂的維度真實擁抱。
而當你能允許他人以他們本來的樣子來愛你，你也在允許自己能以真實的面貌來被愛。
真實的愛，真實的被愛，那麼這份愛將是無限擴張性的豐盛與喜悅。

愛的練習之二

釋放恐懼

在這個月之中，邀請你每一天都給自己至少安靜的十分鐘，進行以下練習。

問問自己，在你今天的生活裡，是否感受到什麼恐懼？你在擔心什麼？什麼讓你無法放心？你為什麼那麼擔憂？

無論你心中浮現什麼想法，全部把它寫下來。這裡沒有別人，只有你自己。

寫下來後，輕輕閉上眼睛，以最舒服的姿態安住好自己，允許自己在心中感受你剛剛寫下來的恐懼。這可能會讓你感到不舒服、刺痛、驚慌、憤怒、頭暈、胃痛，或者其他身心反應，你甚至可能會想離開這個練習……

請耐心經歷這個過程，這是一個直面恐懼的機會，請靜靜在你內在的視覺裡好好觀察它們。

然後，緩緩做三個深呼吸。將氣息吸到你的心，感受你的心充滿了飽滿的空氣。在你內心的空間輕輕對自己說：「我已經好好看著我的恐懼，我理解了，我願意釋放它們，現在我將這些恐懼送到宇宙最神聖的白光之中。」

在你內在的視覺中，看見這些恐懼化作一縷輕煙，飄進了宇宙至深至善至美的白光之中。

在這個步驟，如果你有任何信仰，你可以呼求你所信仰的天父、聖母、天使、佛陀、阿拉、觀音，或任何神聖力量的協助，將你的恐懼傳送到祂們那兒。神聖力量將以無條件的愛承接你的恐懼，並將之轉化為平靜。

每天至少練習一次「送走恐懼」的練習，如果覺得有需要可以增加頻率，請跟隨內心的指引。有時候一個特定的恐懼並非一次練習就能夠完全釋放。而不論這些恐懼是大是小，你都無須再背負它們負重前行。

坦承恐懼、面對恐懼、觀察恐懼、釋放恐懼，並允許更高智慧的協助。反覆進行這個練習將使你感覺身心更輕盈、平靜，與自由。

愛你們，獻上祝福。

來自宇宙神聖智慧的每日訊息——3月

3月1日

發展靈性不是跑到高山深水之中去僻靜，而是在紅塵俗世中修行，去見證一切你以為的覺知，是否能真正應用於生活裡。

道之所以為道，正因為它不是空中樓閣，用以束之高閣。它要接地氣，要用於你時時刻刻的生活裡。

在你的柴米油鹽與行起坐臥裡，去看見去實踐，覺知如何引領你過一個更高更好的生活。

去體會懷抱著愛與感恩，是如何引領你走出生命寬闊的豐富與豐盛。

去感受當你與源頭、也就是你內在的神我聯繫，是如何將你走過的人間都化作天堂於這世上的顯現。

3月2日

覺知是什麼？覺知是明心見性，是你們看見人事物的真相。

真相不是黑白對錯的二元對立，不是人為的教條或者約定俗成的應然，不是律法或者行政命令，不是道德或者宗教言論，不是是非判斷。

真相，是你們穿越這些世俗定義與教條規範，而去看見的真理。

真相可能是在你們以為的惡人身上，看見受傷與對愛的渴望。可能是在你們以為的善人身上，看見被小我操弄的恐懼與匱乏。可能是在各種無秩序的混亂之中，看見隱藏的秩序與更高的目的。

對於真相的看見，將讓同理心在你的內在升起。

3月3日

愛是不計算。不計算得失或者付出多寡，即使你們仍然清清楚楚、明明白白地看見各種量化的呈現。

當你的愛在流淌，你的情感在奔流，你的整個生命與情緒狀態都將因為愛而同步提升。

計算是頭腦的工作，而在純粹的愛裡，頭腦不是不作用，而是頭腦的算計會臣服於愛的能量場。

愛是勇於付出，愛是不計較得失，因為愛本身就不是恐懼，而是豐盛的能量。

3月4日

不要去強求關係應該如何發展，當彼此之間的流動充滿愛與關懷，怎麼樣的發展都會是好的。

去強求關係的形式是緣木求魚，重點是能量的流動與品質，而不是用什麼樣的框架來定義與限制你和他人的關係。

關係是來幫助你們活出愛，而不是用來限制愛的。

3月5日

神不比你高，也不比你低，神是你內在神性的顯現。

你是神的一部分，神也是你的一部分。你不屈從於神，不需要透過神來完整，因為你本身就是完整的。

事實上，神也透過你來完整，你和神相互完整了彼此。然而這個相互完整並不表示各自有所缺乏，事實上，各自都是完整的。

透過與神合一，去體會那個更大的整體與和諧，亦即完美的一。

3月6日

關係的本質是能量的流動，愛的流動。

不要讓關係成為一灘死水，缺乏自由的空氣；而是要擴展關係的厚度與寬度，讓關係活化。

關係活化，能量流動，身處其中的個體都會在流動之中成為鮮活的。而生命的本質就是鮮活，是活活潑潑的動，而不是僵固的頑冥不靈。

放手的智慧，正是允許流動，不以恐懼阻擋一切可能的發生。而不恐懼正是源於對自己的信任。當你感受到無法信任他者時，其實你是不信任自己。

3月7日

你內在有一個海洋，寬闊無垠，無邊無際。不要自限其領域，不要覺得不可能，「不可能」僅是你腦中的自我設限。

永遠去看見：如果這是可能的，那會是什麼？

永遠去看見：如果我能夠做到，我能從哪兒入手？會有哪些相關資源？永遠去探問可能性。當你探問，不再以否定句來定義自己的人生，你會看見，那源源不絕的機會就在你眼前展開。

3月8日

無論是否在你們定義的節日，生命都是一場華麗的慶祝。

請在每一個日子裡歡唱、喜悅，把生活過成一首輕快的詩。

生活的設計，從來不是為了讓你受苦，而是在各種體驗裡活出自身的壯闊。去看見愛的機會與可能，去看見你們內在的神性到底有多宏偉。去看見與體會這一趟旅程中的繁花似錦，而你將在這些繽紛裡一起開花。開花、綻放，活出自身最大的喜悅、最大的可能，而沒有保留。

3月9日

無論在何種狀況裡都做自己。而什麼是做自己？做內在真正的你。什麼是真正的你？是平靜，是喜悅，是自由，是不隨風起舞，是你永遠處於正道，立於自身的中心而沒有偏移。

不為任何眼前的現象而自亂陣腳，就是修行。請輕鬆穿越一切，因為一切都是現象，一切都是過場，而你是永恆存在的神性。

3月10日

請以慈悲面對關係。

擁抱與體貼他人的低谷，正如同你能夠站在高處與他們一同享受高峰。

擁抱所有現象，並知道你不是那個現象，你是現象背後的觀察者。

3月11日

活出自身的寬闊，意味著你不是那個小小的你。你不僅是你的肉身，而是與宇宙同步，無限寬廣、超越時空的存在。

知曉你於世間的生命都是體驗的旅程，這只是「無限的你」的一小部分。你是量子的存在，具備無限可能。請看見你的內在擁有無窮潛力，而不要被你的肉身、你的環境、你的狀況，以及你自以為腦中的限制所囿限。

去活出你無邊無際的可能性，勇於向你以為的邊界探索。事實上，邊界根本不存在，邊界也是幻象的一部分。

3月12日

不要因為恐懼或寂寞而進入關係，如果你要進入一段關係，請有覺知的帶進愛與平靜的品質。

你之所以進入關係，是拉高彼此的能量場？還是為彼此的關係帶進更多的混亂與不安？請成為能帶進更高秩序的存在。

為自己的所有選擇負責，那意味著你清清楚楚地覺知自己在做什麼。

3月13日

永遠尊重自己和他人的真實。

這意味你無須改變他人，你能夠如其所是的看見他者的真實面貌，而仍然能夠愛他們。這同時也意味著：你尊重自己內在的真實，不委屈，不討好，也不偏移。放掉頭腦覺得關係應該如何的設限，放掉失去或者切斷一段關係可能的恐懼，看見愛的本質。因為愛第一，關係第二。

當愛在流動，無論你處於何種關係都不會累積業力，都會為彼此的生命帶來美善。

如果你能尊重自己，而不是去忍受一段關係。能面對內在的真實，而不是因為恐懼而不敢失去。那麼即使面臨分手，你也能以愛分手，以覺知分手，以清明的洞見分手。

3月14日

求不得、愛不到，是把力量放到外面。
而汲汲營營向外索討與探求，並不會讓你得到，那是耗費能量，模糊焦點。
把力量放回你的內在，去圓滿一切你未能好好愛自己與真誠做自己的部分。你內在的豐盛將會顯化為外在的豐盛。你內在的是（being），會顯化為你外在的有（having）。
不追求就得到，是因為你們已經知道顯化的祕訣，正是向內做功課。

3月15日

你永遠都不會失去愛，永遠不會。
你就是愛的本身、愛的發源、愛的能量場。你有許多愛可以不斷湧現、不斷給予、不斷滋養，永遠都不缺乏。

你以為所愛之人的離開就是愛的失去？不是的！愛的源頭就是你，愛就在你自己身上。

當一段關係斷裂或終結，或許傷感難免；但請明瞭在本質上，你們從未失去過愛，愛的力量源自於你自身，你的存在就是愛。

3月16日

請按照自己的步伐往前走，而不是耗費能量於強求他人的改變，那是緣木求魚，浪費精神氣力去做一件徒勞無功的事。

請將能量用於提升、創造、發揮才華、帶來愛的改變，並為你所處之地帶來更高的秩序與平靜。

有智慧的運用能量，而不是浪費時間與精力去懷疑、猜忌，與責怪。不要餵養你的恐懼。

3月17日

請留意你對於「關係應該如何」的反應是為什麼。你是因為恐懼失去，或者你的回應都是立於自身的中心？

不要因為恐懼而挽回，而執著，而待在一段關係裡。

請真正的愛自己，真誠回應你真實的渴望。你要的是一段無法信任的猜忌關係？是冷暴力？是權力鬥爭？又或者你能夠藉由眼下的處境去提升？

因為恐懼而進入或者待在一段關係中是危險的，因為那個起點就是人間所有不幸福的開始。請因為愛而進入關係，因為愛而選擇，因為愛而回應。

3月18日

不要執著於事件，而是去看見能量。去看見隱藏在事件背後的能量狀態是什麼。

先去梳理能量，不要急著處理事件。隨著能量的清理與流動，事件會自然地發展成它們最好的樣子。

3月19日

別把自己開不開心、快不快樂的權利交到他人手上，因為如此，你是讓自己失去了主導性。

你是否平靜喜樂的操控權，應該要掌握在自己手上。他人如何表現，與你何關？

你要對誰負責任嗎？不需要。

你需要的，僅是對自己的情緒與回應負起完全的責任。

當你的情緒，被生活中的各種故事情節牽著走，而失去了對自身內在平靜的主導性，這是真正的失控。因為此時你偏移了中心，失去了內在的清明。

而有什麼，比清明與平靜更重要的呢？

請好好站穩於自身的中心，好好面對自己，把力量從他人身上拿回。把決定你喜怒哀樂的能量從別人那兒，收回到自己身上。

他者做了什麼都與你無關。他者反應了什麼，僅在於表達他們自己。

3月20日

不要在情緒高漲的時候，做任何決定或付諸任何行動。請在平靜的時候，去看見真正的答案。

讓自己平靜。

在能量平穩的時候，你的答案自然會從心中呼之欲出。

3月21日

當你處於高度覺知的狀態下，決定分手或離開一段關係，這個分別會是好的。

當你在恐懼與匱乏的情緒下進入一段關係，這個連結已種下痛苦的種子。

分或合沒有高低，重點是你用什麼樣的意識狀態去經歷？你在什麼樣的意識狀態下做出選擇，並據此行動？

3月22日

靈魂的目的是揚升與進化，但這不代表你不能享受人生。

事實上，就是透過享受人生中的一切，生命的揚升計畫才顯得精采有趣。

而之所以要覺醒，就在於縮短無意識扮演人生角色的時間。當你帶著覺知做回真正的自己，並把力量完全地收回到自己身上，你會看見除了愛是真相，其他都是虛幻的。

3月23日

無須在關係中努力取悅，請將能量投注於關注自身的起心動念，向內清理。

當你向內清理，你與他人的關係自然會改善。

你會看見，這些狀似充滿問題的議題根本不存在，沒有「真的問題」。所有的問題都來自於小我的投射，那是你潛藏的恐懼與渴望，你尚未處理與消化的傷痛和記憶，一切都是內在的問題。

既然問題在你之內，你向外汲汲於尋求關係改善的策略與方法，自然不是根本之道。

3月24日

當你內在有祕密時，你如何要求他人對你完全坦承？他人只是你內在的投射。

成為通透之人的意思是，當你的內在是純淨的，沒有任何需要緊抓住祕密的負擔，那麼，你自然會看見他人也愈來愈能以那樣的敞開面對你。

3月25日

慈悲對待自己和他人的缺點。

請對人性中的自私、猜疑或者自以為是，保持寬容與接受，理解那是人性的一部分。不需要對人性的陰暗面感到抱歉或者羞愧。

你需要的是如實看見，然後逐步面對與清理。並在過程中保持對自身與他者的慈悲，不要撻伐。

3月26日

向內清理的功課是一個人的武林，是對自身的生命負起全然的責任，不再當個受害者，並從加害者與被害者這樣二元對立的概念中解脫，看見更大的真相。對生命說是，看見生命向你揭示的一切風景。

向內清理也是勇於面對隱藏的傷痕痛苦，無論那是來自童年陰影、成長累積，或者過去生世的遺留。釋放那些不再能夠讓你輕盈前進的信念，讓自己活出本應自然的自由與寬闊。

3月27日

原諒，不是為了他人，而僅是為了自己內在的平靜。

你的恨意與憤怒，既新鮮又古老。但無論它們來自何處何方，你都不需要再將其隨身攜帶，而是選擇釋放它們。

釋放將讓你得到解脫，並從中獲得更清明的視野。

3月28日

你為什麼需要透過他人的肯定，來證明自己是值得被愛的呢？你本身就是愛，當然值得被愛。

無論別人做了什麼，那都僅反映了他們自身，不一定與你有關。

別人對你的評價，不等於你就是什麼。你能做的，就是好好表達自己的是(being)，活出自身最高最好的狀態，並對自己的生命全然負責。

你不需要對他人負責，他者對你亦然。

當你對自己的生命全然負責，不諉過不抱怨，那就是走在覺醒的道路上。

3月29日

愛的學習，是關於如何如其所是的愛，如何穿越事物的表象去愛，即使看見他人的陰影，而仍然能夠愛他們。

而同時，愛的學習也建立在你能深深地愛自己。你尊重自己內在的真理，看見自身的渴求。沒有委曲求全，沒有犧牲，沒有偏離自身的中心。

當你立於自身的中心，就是立於正位對一切現象做回應。你肯定他人的存在，也肯定自己的。你嘉勉他人的存在，也慶祝自己的。

3月30日

真正圓滿的感情或關係之所以存在，是因為你先讓自己的內在活出圓滿。

那是平靜與自在的能量場所帶來的結果。

3月31日

生命是寬闊無垠的海洋，時而波濤洶湧，時而平靜無波。

享受風平浪靜的美麗，也享受驚滔駭浪的激越。同時享受生命之流所帶來的激情與平靜，不批判，也不逃避。

全然接受生命之洋的各種變化，然後學會在汪洋中游泳與漂浮。

有時候生命需要你奮力向前，突破現狀，走出困境。有時候則需要跟隨洋流的脈動，順流而行。

分辨何時需要游泳，何時需要漂流，就是智慧。而真正的愛會帶來慈悲的智慧。

事實上，愛、慈悲、智慧，究竟上是同義詞。

愛的練習之三

對自己誠實

選擇一個可以讓自己安靜下來的空間，允許自己有不受打擾的十分鐘。可以是沐浴後、睡前，或者早晨的時光。

以一個舒服的姿態，或坐或臥，輕鬆就好。輕輕閉上眼，深深地做一個深呼吸，將氣息緩緩送到你的心，然後問自己：「在生活的哪一個方面，我對自己不誠實？」。坦率面對自己，把在你心中浮現的任何想法寫下來。

檢視這些想法，溫柔的問自己：為什麼？為什麼在這些面向無法坦率面對自己？為什麼需要隱藏真實的感受，是無法或不敢表達。是恐懼他人看見自己本來的面目而無法接受嗎？

這個月，有意識地將誠實的品質帶進你未能對自己坦白之處。坦率面對自己的真實，放下對於外界觀點的擔憂與疑慮，並表達你內在真正的想法。記錄每一次你誠實面對自己的感受並據此行動的點點滴滴，這個月至少列出七項你的改變。

愛你們，獻上祝福。

來自宇宙神聖智慧的每日訊息——4月

4月1日

無論對方做了什麼，都不是你的事。然而，你對於對方做什麼的反應與被勾起的情緒，就是你的事！

為你被勾起的情緒與感受負起全然的責任。當你這樣做，你會穿越一切迷霧去看見真實的自己與對方。

透過清理自己，如實面對內在的狀況，就能改變你與他人的關係。

4月2日

在愛之中你可以做任何決定，無論那是繼續一段關係或者決定分開。

請不要在恐懼、匱乏，或者憤怒之時做決定。

在愛之中，任何決定都會是好的。

4月3日

關係未必要帶來什麼嚴肅或令你痛苦的功課，你可以輕鬆享受任何關係！

當你能以覺知去看見事物的本質與真實，你便能輕鬆享受任何關係。因為當你沒有恐懼、沒有匱乏，你的內心自由自在，你的關係怎麼會不輕盈？

關係未必是為了學習什麼嚴肅的功課，關係之所以困難重重，那是反映了你的內在尚有許多需要面對與清理的課題。

當你轉換信念，你便能輕鬆自在地享受關係，享受人我之間的能量流動，享受生活，並且充滿歡笑與感恩。

4月4日

珍惜你的傷心，不要斥責與躲避。

你的傷心證明了你的心震動了、打開了，你內在有什麼被深深觸及了。與這個傷心的感受好好待在一起，你會感覺傷心裡總還有些什麼？是失落、恐懼、懷疑，與憤怒？是期待落空、無法信任，以及很深的執著？與你的傷心好好待在一起，觀察你的傷心裡還有些什麼？

當你能與傷心好好相處，不帶批判地感受與觀察，你會看見真正的問題可能並不是那些令你失落的事，而是你把力量放置於錯誤的期待、投注於外在的世界。你把決定你喜怒哀樂的力量交到他人手上了。

4月5日

有覺知的生活，不意味再也沒有痛苦或傷心的感受。而是每當這些感受升起，你會知道那是生命給予實踐臣服與清理的機會。

而透過對於生命事件的臣服與清理，自由，就是你能夠帶給自身最好的禮物。

4月6日

不要以你的小我來生活，而是以高我的維度來生活。

以高我的角度理解，以高我的行動應對進退，以高我的認知體察他人，以高我的智慧判斷時勢。如此，你自然能做出最高最好的決定。

當你以高我來生活，那些情緒糾結不再能夠困擾你，那些內在的小劇場雖然偶爾存在，但你知道它們僅是戲劇，而不是真實。

以高我來生活，並不是小我不存在，而是小我臣服於高我。

你還是會有情緒與小我的呢喃，但你已經能夠更清晰的看見：這是一個清理與臣服的機會。而透過掌握這些機會，你會得到愈來愈寬闊的自由。

4月7日

由內而生的光明，將引領你走在人生的康莊大道。
不要過一個苦澀的人生，苦澀是小我的陷阱。請活出你內在本質的豐盛！

4月8日

愈臣服，愈能辨識與放下你心中所升起的任何情緒。清靜與自在的寬闊，是你能即刻帶給自己的禮物。
愈將自己調頻到以高我的維度來生活，將為自己創造一條康莊大道。不被過去牽絆，亦無須擔憂未來，而能更專注地活在此時此刻，並在每個當下創造獨一無二的豐盛。

4月9日

利用任何機會實踐臣服。

當你這樣做，你無須擔憂人際關係、財務狀況、工作志業，或者你的生活。因為臣服是將自身回歸正位，而回歸正位將使你更能展現真我。

當你全然展現真我，你就走在生命的光明裡。

4月10日

在心中升起歡喜心，並將歡喜心帶進你的每一個行動裡。

當你在運動，帶著歡喜運動；當你在吃飯，帶著歡喜品嚐；當你照顧孩子，帶著歡喜投入。

當你在工作，帶著歡喜參與；當你進行家務，帶著歡喜行動；當你採購，帶著歡喜享受；當你與人意見不同而發生爭執，帶著歡喜面對。

在任何行動裡都不要忘記歡喜之心，那是你在每一個情境中都能創造的品質：更多的愛，與更深的平靜。

4月11日

當你帶著歡喜心，就是有意識地將覺知帶進你的生活。

而覺知的妙用，是引領你能以更高與更清明的視角，審視你所投身的這一齣生命戲劇。

生命的戲劇不是用來讓你沉迷、執迷不悟，並不斷重複類似的情節輪迴。
生命戲劇的安排是精妙的設計，用以讓你們通向愛，並走上覺醒。
而覺醒不是要棄絕人世，而是以更高的覺知來面對眼下的風景，進而在當下創造出你能夠創造的最高版本。

4月12日

那些悲傷來自古老的記憶。（別逃避）
將感覺刺痛的荊棘刺向你心。（輕輕）
直到恐懼粉碎了它自己的影子。（恐懼只是影子）
恐懼只是影子，
而玫瑰綻放自胸臆。

4月13日

要喜樂，以喜樂治癒你的傷心。

要喜樂，看見悲傷是因為你曾經真正愛過，而不要嘗試抓取表象的永恆。愛的能量並不會因為關係的結束或分離而消逝。愛，本身就是恆久存在的本質，超乎了你們所能看見的表象。

對曾經愛過，對曾經無畏打開了心而喜悅。

知曉你的心與全身的所有細胞，將因為愛的盛開而熾烈的綻放。那份因為愛而帶來的深度與廣度，已然改變了你的生命。為此喜悅！

4月14日

你是那無限，如同我是那無限，我們是一體。

活出你內在的無限，打破自以為的限制，並在每一個選擇裡都以無限的意識做出抉擇。

不要被框架綁架，不要信以為真所有你被灌輸的信念。
活出內在的無限，時時知覺自己是那無限。

4月15日

在任何事物上，都看到覺醒的契機。
在任何事物上，都看到活出愛與光明的機會。
在任何狀況裡，都看見你能夠做出選擇並活出更高更好的版本。
不是在某些狀況下才這樣做，而是時時刻刻都這樣做。

4月16日

臣服吧，關於生離死別的哀傷、被誤解的哀傷，與得不到回應的哀傷。

寬慰、放下，並視此為練習與實踐臣服的絕佳機會！

透過你對於情緒的如實看見，釋放沉重、黏膩與厚重的能量。看看你的哀傷裡面有什麼？有許多不捨、執著、放不下。有許多企圖佔有、控制，與期待。有許多恐懼、憤怒、求不得……

這些情緒是你要繼續攜帶前行的嗎？如果是，這樣做帶給你什麼好處呢？如果不是，你是否願意在完全看見它們的同時，勇敢面對，然後釋放？

透過不斷臣服，一次又一次，你的內在會因為黏膩情緒的消失，而得到更寬闊的空間。

更明晰的洞見會自心中自然升起，而更多的愛與自由，將是你能帶給自己最美的禮物。

4月17日

沒有真命天子或真命天女，這種期待是把力量放在外面。

成為自己的真命天子或真命天女。

所謂靈魂伴侶不是沒有爭吵、沒有觀點差異，並能全然滿足你小我欲求的對象。

靈魂伴侶是能夠對彼此懷抱愛與虔誠，是願意承諾活出真實，並支持對方擴張內在的自由。是懷抱著愛去臣服、給予，與奉獻。

而當奉獻不以犧牲為基礎，而是在更高的維度裡合一，那麼奉獻是自然而然的。

奉獻是愛與慈悲的自然湧現。

4月18日

看向自己的存在，自己內在的無限光明。
當你轉身向內，在所有外在所發生的事物上看見了自己、了解自己，你就是有意識地賦予這些發生意義。
這些外在事件的發生，不是為了讓你被動的受到影響或波及；而是你能主動的透過清理與臣服，讓它們推你向上，引你向前。

4月19日

「不被愛的恐懼」是如何影響你與他人的關係？
你們寧願交出自己內在的真理，以為能夠獲得愛？
你們透過犧牲奉獻或者屈從討好，以為別人可以更認同你？
但是親愛的啊，這個不被愛的恐懼是虛妄的。這個信念會讓你即使得到愛，也會因為覺得自己不值得，不配得的信念而活在懷疑與恐懼之中。

4月20日

為什麼你覺得你「需要」一個伴侶呢？你是不完整的嗎？

當你是完整的，有沒有伴侶都很好。重點是，成為自己的完整。

小我總是渴望有人來填充自我的期待，完成自我的渴望。但請先成為那個可以帶給自己完滿的人。

在自己的完滿中喜樂開花，你的綻放自然會吸引一切你最適合的來到生命裡。

清理內在所浮現的渴求，如果那個渴求的背後是基於恐懼與焦慮，那麼放下它們。

放下你對於「期待有關係」的這份期待，以及背後的焦慮和恐懼。

不要在害怕焦慮或者因為小我的需要時而進入關係。以愛而不是恐懼去召喚關係，才能帶來幸福。

4月21日

喜樂不是因為你得到了什麼，喜樂只是因為，那是你內在深處的本質。
喜樂不是去滿足小我的期待，實現慾望投射的結果。
喜樂是你呼應靈魂真實的渴望所帶來的高頻振動。
在任何狀況，都成為喜樂的。
無論你是否得到你要的，都先成為喜樂的。
去看見內在深處的核心，去擁抱真實的自己，成為喜樂的。

4月22日

拼命渴求的人會缺乏，拼命追逐的人會失去方向。
安靜下來，返回內在核心，你會知道在當下的這個狀況，應該要展現的是什麼智慧。

4月23日

你就是你內在神性的火把，而神性的光明永不消失、永不泯滅，並在黑暗中更顯光亮。

知覺你以為的黑暗都是幻象。點亮心中的火把，照亮暗夜。

當你定眼看向黑暗，當你把內在的火把點亮，黑暗將消逝無蹤。

4月24日

不要輕視或者詆毀你的脆弱。
你的脆弱並不需要誰的原諒，它們只是需要被你如實看見。
去看見你為什麼脆弱？
那個脆弱之中有什麼？是因為執著，是因為期待落空，是因為求不得與放不下，或者因為恐懼與匱乏？無論是什麼，如實看見就可以。
在你內在的情緒上，永遠不需要對誰感到抱歉。只需要真誠看見，然後允許這些情緒的清理與釋放。

4月25日

不要因為小我的恐懼而不去愛。事實上，正是因為你選擇了愛，小我因此臣服。
去看見彼此的愛，並對自己內在的真實做出愛的選擇，就是智慧。
關係是學習臣服的偉大機會，是擴張對於愛的寬廣認知。是體會真理，是活出高我而不是小我的欲求。是區分什麼是靈魂的渴望，什麼又是小我的慾望。

4月26日

真理只有一個，就是愛。

不是愛的都不是真理。當你選擇愛，就是選擇真理。

當你選擇恐懼，就是迷路。

迷路了也沒關係，因為你們永遠可以重新選擇。然而，還要耗費精神氣力於一次又一次經驗恐懼與受苦的感受嗎？

還是這一次，你能有意識地選擇愛，選擇慈悲，選擇放下與臣服？

4月27日

穿越一切外界的雜音、世俗的喧囂，回到你內在的平靜。

不要人云亦云，盲目依從世俗灌輸的標準。

做任何你所喜悅與感動的，做任何你的內心會歡唱、會樂此不疲的。

請在生活中創造出這樣的時刻，讓自己投入真心嚮往的人事物中。你的行動將引領你一步一步走向內心所渴望的道路。

4月28日

當你意識到，所有生命事件都是你能夠「版本升級」的機會，你便走在覺醒的道路上。

什麼是版本升級？

是從恐懼走向愛，從懷疑走向信任，從焦慮走向內在的平靜。

版本升級是能在各種混亂之中，做出呼應內在真實的決定。

4月29日

問：為什麼人們會無法信任？

一是恐懼失去。請知曉你們未曾真正擁有什麼，但卻能夠經驗什麼。無論那是關係、物質、財富，或者你的身體。

擁有的概念是一個假象，執著這個觀念將使生命受苦。

去經驗、體會，深深的沉浸，而不是擁有。如果要抱持擁有的觀念，那麼請知曉所有的擁有都只是暫時的溫存，是手心暫留的溫度。

請去享受與歡慶那個暫時，轉換悲傷為喜悅，並且在時間短暫的幻象中，升起對於當下的敬重與珍惜。

二是誤以為愛不在。愛一直在，因為愛就是你們的本質。

以為愛不在，是執著幻象的誤謬。請移除讓你以為愛不在的偏見，當你剝除這個限制性的想法，移除過往生世的哀傷與記憶的沉重，你會看見除了愛，一切都是虛妄。

三是小我的自尊。小我以為事情必須按照它所期待的樣子進行與運作，否則就不正確。

這個不正確的概念引發受傷的感受，也就是受害者意識的顯現。那看起來自以為義，其實是用情緒壓迫他人，迫使他人成為小我想要的樣子。

放下心中的恐懼，那是引發你想要控制的根本原因。允許人事物以它們本來的樣子去發展和運作。

放鬆下來，鬆開雙手，眉頭不要深鎖，去信任無論發生什麼，它們都會是最高最好的。

去信任好事總是會發生，無論那人事物所呈現的表象是什麼樣子。

4月30日

當你內心沒有恐懼，就不需要透過控制來尋找安全感，並體認到你就是愛的本身，外境自然不需要上演戲劇化的情節，來引發你的學習。

降伏自身內在的巨獸，就是讓外在不起戰爭的關鍵。

愛的練習之四

讓愛成為原因

這個月，盡可能在做任何決定或面臨任何選擇時，都問自己以下的問題：這個決定是基於愛還是恐懼？這個選擇是因為小我的慾望，還是大我的智慧？

這個選擇或者決定未必是你以為的大事，而是涵蓋小事的任何事。

它們可能是晚餐吃什麼？是否答應赴約？該買什麼東西？是否搬家或換工作？這段關係要繼續嗎？該怎麼回應這封訊息？企業的商業方向？健康照顧方法？身體該如何鍛鍊？投資理財策略？以及該怎麼溝通？

任何你在生活中需要進行的選擇與判斷，都盡量有意識地在付諸行動之前叩問你的心：你是怎麼做選擇？你該怎麼做選擇？

持續這個練習，讓愛成為你所有行動的原因。

愛你們，獻上祝福。

來自宇宙神聖智慧的每日訊息——5月

5月1日

慈悲是放下心中成見，是願意拋下內在執著的觀點，去看見他人的真實。慈悲是去執著，是允許各種觀點與各種面向同時並存，並在各種差異分歧中給出理解與同情。

5月2日

你不是那個被侷限、被重力束縛與控制的你；你是和宇宙意識同源的無限存在。永遠記住你是那更大的，你是那無限的；並以這樣的看見，去面對你所遇見的任何人事物。你可能會一瞥人間幻幕，你會知道放手也只是遊戲設計的一部分，因為你們永遠不會失去。

或許會有一個關於失去的體驗，但那僅是體驗而已，而所有的體驗都是如你所願，如你所求。請從這些體驗中生出更大的智慧，走向覺醒之道。

5月3日

問：請問這段關係的方向？

除了愛，沒有其他方向。其他方向是你們選擇的體驗，但那是繼續迷路而已。選擇愛，而不是小我的呢喃恐懼。抱持更高的覺知去看見對方的脆弱與恐懼，並以同理心去理解。

當你們願意坦誠相對，揭露各自內在的恐懼，並以慈悲心去明白，你們的關係將會進入另一個層次。這無關乎分手或繼續在一起，而是更大的愛會在其中升起。這是一個完美的機會，請在這個機會之中，生出更寬宏的、無條件的愛。

5月4日

問：請問在與人的關係中，我的責任是什麼？

你們對於彼此沒有責任，只有對自己的生命負起完全的責任。對於自身的進化負起責任，並有覺知的選擇與前進。

人與人之間的關係充滿各種可能，因為事實上，所有情節都已經發生過無數次！而這次，你想要怎麼樣去創造最高最好的故事版本呢？

當你的知見轉換，能量網格就會轉變。讓愛去引領你們之間的流動，讓感恩與無限的慈心暖流去推動你們關係的前進，放手你的怨恨與恐懼。

如果修行不能幫助你克服小我的偏執與放下多年的恐懼，修行所為何事？修行不是為了讓你看起來更高尚、更有靈性，或者用來逃避痛苦。不是的，修行是為了讓你的生活更圓滿、更有愛。因為你就是愛。

5月5日

不要把能量放在低頻與困擾你的人事物上，請把能量放在喜樂與讓心歡唱的事物上。如此，那些原本困擾你的力量，將逐漸不再成為你的阻礙。

5月6日

馴龍記不是發生在外面的戰爭，而是你們內在的臣服之旅。你比你以為的更強大，更有力量！

請定錨於高我，連結內在更高的智慧，你將擁有無限的勇氣，去馴服內在的貪嗔與愚癡。

5月7日

喜樂是無所為而為，是沒有條件的愛與付出，是跟隨內在的指引，歡唱出生命的音符。

喜樂是與內在的真理一致，由內而外的整合與行動，沒有掙扎與分裂。

喜樂是與自己全然同在，並深深知曉你與宇宙的至高意識全然相連。

5月8日

沒有清理，太多的記憶與潛意識中的伏流，將影響你去看見真實。若看不見真實，就看不見幸福。

影響你與幸福的距離並不是幸福的不在，而是限制性的信念、偏狹的想法、執著的觀點，與緊抓住不放的情緒。

幸福不是你擁有什麼，而是你感受到什麼。而你「感受到什麼」背後的原因，是需要清理的。

透過清理，看見小我的妄作。透過高我的起心動念，引導小我馴服於高我更高的看見。而當你能以高我的眼光來生活，活出內在神我的光輝，你如何能夠不幸福呢？

幸福是自然而然流淌到生命裡的。感受自身與萬物合一，無所為而為的親密感。而在那個時候，你能做的就是不斷分享你的幸福。

5月9日

專注問題，就是將能量給予問題，那會讓問題愈來愈大。專注於愛與愛的流動，則會讓你更有能量去感受愛與推動愛。

在你拒絕為「問題」持續灌溉焦慮、恐懼與擔憂燃料的同時，它將會以不同方式轉化。而當你祈請內在智慧的指引，便會知道要以何種方式面對問題。

問題都是虛幻的。根本上沒有真正的問題，而只有你們看待人事物的角度。改變知見，你便移動了能量的網格。當你移動了能量的網格，並將注意力放置於更高的觀點，去看見美善而非邪惡，去選擇愛而非恐懼，去看見優點而非缺失；

那麼，你的目光所及之處，會放大你努力想去看見的。
當你將注意力放置於你渴望的結果，而非你恐懼的問題，你就在這個過程中做出了選擇，並給出了力量。

5月10日

學習讓對方知道你的愛。愛若不充分表達，要期待他人如何理解呢？
在愛的表達中，有時候寧可誇張，也不要含蓄；寧可高調，也不要沉默。充分的表達是將愛意暖流送到對方心中，那是布施，也是慈悲。
放下你們以為的矜持、自尊、面子之類限制性的想法，充分表達你的感恩，你的喜歡，你的渴望。
讓你的喉輪說愛的言語，因為言語就是你的力量。

5月11日

把能量放在自己身上，而不是放置於你擔憂的問題。如果每天都將能量放在擔心哪裡會出錯，誰又背叛你，對方又做了什麼惹你生氣，你會失去這段關係。因為對這段關係的擔憂，對你而言已形同煉獄。

將能量專注於自己的發光發熱，專注於自己的晉級與成長，你與他人的關係自然會有所轉化。

5月12日

先臣服自身的情緒，再去面對他人。

當你臣服，你就整合了自己。當你整合了自己，你內在沒有衝突。當你內在沒有衝突，你就是平靜。

在平靜之中體會愛，你就活出了圓滿。當你圓滿了，你的任何關係，都將是圓滿。

5月13日

坦然內在的脆弱也是一種勇敢。而放手，有時候比堅持更需要克服恐懼。

整合內在陰陽的意思是，同時看見內在的光明與陰影。看見自己是太陽也是月亮，是神性也是人性。去整合內在的所有，而不是棄此取彼。

當你能夠允許各種情緒自在地在體內流動，它們就不會成為你的負擔，它們不會因為你的抗拒而成為滯留的能量。情緒會因為你的允許與臣服，引領你體會生命中各種多彩多姿的滋味，卻不沾染。

5月14日

慈悲心是你願意傾聽，對自己與對他人。

你們時常太急著說，但那是你真正想說的心之音嗎？又或者，那僅是表達小我盲動的慾望與憤怒的情緒？

如果要說，那麼請在內在安靜之時去表達，那些話語才不會成為肆意發散的能量；既無法陳述真正的心聲，亦無法與人產生愛的連結。慈悲是願意等待內在的安靜，並在安靜之中說出內心的言語。那麼，無論你要表達的是什麼，都會是有力量的。

5月15日

定錨於自身最高最好的意念。每日都有意識地守住自己的清明。每日都有覺知的選擇愛，而不是恐懼。

如此，即使不去喜馬拉雅山上修行，身處人間道場裡依然能夠悠遊自得。

5月16日

醒覺的關鍵在於意識。有意識的呼吸，有意識的走路，有意識的工作，有意識的說話。

有意識，而非無明的不知道自己是誰，自己在做什麼。

將意識帶進你正在從事的任何行動裡，即使當下所感受到的是憤怒、恐懼，或者悲傷，你亦能透過有意識地移動能量，而不是讓能量淤積而成身心的負擔。

有意識的生活，是帶著覺醒的意圖、愛的了解，並且願意臣服與行動。

5月17日

慈悲是歡喜過生活，是不以憂傷或憤怒，去阻礙心輪能量的流動。

慈悲是不被記憶左右，而影響你們去享受當下。歡喜心，是你能夠每日給自己和他人的慈悲。

慈悲不必然是什麼天大的舉動，只要透過歡喜心的修持，你便能夠將喜樂與自在的能量與他人分享。你便能夠透過自身的存在，將這樣的能量流淌於你所身處的空間。

歡喜心於外的表現可能是一抹微笑、一個溫柔眼神、一頓悉心烹煮的料理、一份對陌生人的善意，或者耐心傾聽他人話語。

歡喜心是願意將自身的能量頻率提升為給予，而不是索取，並看見自身足夠寬闊有餘，而不是緊縮。

5月18日

對於生命的清理沒有終點，請享受這個饒富趣味的旅程。感謝每個經驗與遇見，都讓你有機會揭開面紗，看見真實的自己。

你不是你以為的恐懼與焦慮，你的內在有平靜與如如不動的真實。

你不是你以為的匱乏與渴求，而是本自具足的圓滿與自在。

感恩一切經歷，讓你有機會因為如實的面對自己而更加進化。

5月19日

慈悲就是心懷喜樂，並以喜樂過生活。

喜樂不待外求，喜樂不是因為你擁有了什麼。

喜樂是一種存在狀態，因為你的「在」，因為你活出了自己，而自然存在的狀態。

5月20日

你的內在有一片廣闊無垠的海洋，沒有邊界、沒有終點，浩瀚無垠。

不要自限於自以為的能力，勇於打開並探索疆界的無邊無際。

勇於跳脫舒適圈，因為那僅是腦子的設限，你比你以為的還要更宏偉壯大！

5月21日

今天是如沐春風的一日，因為，你就是春風。
你是能夠帶來更高秩序的力量，你是發送喜悅與寧靜的波流，你是那無限場域。
溫柔與慈心的春風，因為你而吹拂。

5月22日

你已經走在正確的道路上。
深呼吸，放慢腳步，別急著趕路。
眼下的風景是你能駐足觀看的，當下遇見的人事物是你能夠給出或獲得禮物的。
不要急著趕路，好好感受當下所經歷的一切。
一切都是路標，指引你回到家的路。

5月23日

什麼是慈悲喜捨？

慈悲是願意給。願意給出你所珍愛的，你所可貴的，你覺得重要之物。

「給」是你在心中明瞭你不能真正擁有什麼，而你只是保管了什麼。透過你的分享，這份資源或者能量能夠透過你而壯大他人。

因為能夠給，所以你是有力量的。尤其帶著喜樂之心去給予，那個力量會加倍！因為喜樂將帶來高頻的震動，那是一個更加擴張的能量場，為你們帶來健康、青春，與美麗。

喜樂付出的人不會醜陋，因為力量在其身上，美與活力是必然的禮物。

5月24日

愛不受時間和空間的限制。愛是高頻能量的顯現。愛穿越了你們自以為屏蔽的限制而流動。

愛無關乎世俗的關係與結果。愛必須自由，才能成為愛。

事實上，愛與自由，有時候是同義詞。

當你看見愛只是愛，愛不是關係中所附帶的相關條件，愛才會自由。

當你不計較成果得失，而僅是懷抱一份虔誠與喜悅的心去經歷，愛就是你們可以歡喜體驗並勇敢上路的旅程。

不後悔的祕訣是永遠依心而行，跟隨你的心做選擇。你的心，有時候不見得合乎世俗的期待，不見得依從世界的標準，而你是否有勇氣去呼應你的心，而非順服外界的眼光？

所謂浪漫，其實就是跟隨心的指引去行動。

5月25日

性不是只是性，它是能量交流，它讓你們感覺更親密，能與對方緊密結合。

性不僅是身體摩擦所帶來的快感，而是透過能量的連結，讓你們產生了親密與愛的感覺。

你是否透過性來感覺愛呢？當然，性是一種途徑，但事實上有無數種途徑能讓你們透過連結來分享愛，體會愛。

如果你能將能量途徑提升與精微化，那麼你就不一定需要透過性行為，也能夠感受到與對方深刻的在一起。

當你在性中，就享受性。如同你在任何事中，就享受你正在從事的任何事，享受能量之舞所帶來的擴展與喜悅。

5月26日

愛要勇於突破疆界，因為愛本身就是活潑生動的能量。
愛是不受拘束，沒有限制的動能，能夠引發你們做出良善而非恐懼的選擇。
愛讓你內在的空間無限擴大，並且看見你的真實本質。
你們本身就是愛與無限的。

5月27日

對於旅程要有耐心，持守其中的善良與愛。放下對於結果的期待與渴盼，專注於清理。
當你無所為而為，你所真心渴盼的一切，反而會以不費力的方式來到你的生命裡。

5月28日

生命是一趟去執著、去掌控，到逐漸放下的旅程。放下什麼呢？放下小我企圖掌控的慾望，放下恐懼而嘗試緊抓住的渴望，與自以為是的安全感。放下這一切，讓自己自由。

當你這樣做，這個旅程中最大的受益者，就是你自己。因為你清理了小我的偏見，以及那些讓你受苦受難的情緒與記憶。你獲得了自由，便能對愛有更大更寬闊的觀點。

那個眼界與高度，是你透過清理得來的。而當你這樣做，有一天你真正所渴望的圓滿，就會成為你的實相。

你眼中的對象，他反映的就是你！當你內在是自由、輕鬆、信任與無條件的愛，那麼無論你的對象是誰，他們都會以這樣的狀態來回應你。

重點從來不是他者，而是自己。藉由他者在關係中作為你的一面鏡子，你有了清理與活出內在真正自由的機會。

5月29日

沉浸於你內在的海洋，感受其中的寬闊無垠，游泳其中並在之中安靜。安靜生出智慧，而智慧將指引你走在正確的道路上。

你外在的狀況反映了你內在的狀態，當你知覺於這個祕密，你會知道向外探詢是緣木求魚。向內看去感受、清理，與臣服；康莊大道將因為你的向內看，而循序漸進地展開。

5月30日

外顯的戰爭，是因為你內在亦有烽火。

平息你內在的戰爭，那一切掙扎、憤怒、恐懼、忌妒、怨懟，那一切不平衡的能量。平息你內在的烽火，以清涼代替暴動，平靜會自內在顯化為外在的和平。

在一切情境中選擇愛，給出更多關於和平的祝福，並在自身的一切行動中，活出和平。

事實上，當你們每個人都致力於活出內在的和平，就是對於戰爭的平息貢獻一己之力。

5月31日

做任何你喜歡的，你內在歡唱的，你心喜悅的。

你的每一天不是為了五斗米折腰，不是為了算計而成功，不是為了達成世俗定義的目標。

你的每一天都是為了喜悅而呼吸，為了活出喜悅而存在。不要本末倒置，不要為了任何人事物犧牲你內在的喜悅，你應當捍衛你喜悅的權利，為此而生。

當你看見你每日都要活出喜悅的品質，你同樣會好好關照你的憂傷、憤怒、焦慮，與任何可能浮現的情緒。因為當你透過如實看見並處理這些情緒，那些情緒會消逝，而你就會看見喜悅，亦即你存在的本質。

愛的練習之五

今日的未竟，今日圓滿

在這個月之中，每一天都以無憾的態度生活。不要想著哪一天的未來，再去完滿那些遺憾。每一天的遺憾，在一天結束之前就去圓滿，不要拖過今天。

你想對誰說愛與感謝，卻遲遲沒有實際表白？那麼，在你的心中說出來。

你有什麼不滿、憤怒與委屈，卻沒有機會表達？請在你內在的世界，大方的流瀉。

你想對誰伸出援手，卻一直未有行動？現在，就用你做得到的方式給予，並獻上祝福。

這裡沒有別人，只有自己。

請正視這些未竟的情緒，在能量的表達上不要有任何遺憾，那麼「未竟」就不會成為一再而再困擾你的動能。

愛你們，獻上祝福。

來自宇宙神聖智慧的每日訊息——6月

6月1日

擴充自己的維度，打開自己的頻寬，把自己活得更大更寬闊。

不要以為你只是會腐朽的肉身，你內在有無限寬闊的宇宙，供你翱翔探索。

永遠覺知你是永恆與無限的存在！這能夠幫助你突破重力限制，看見各種挑戰之中的機會，原是為了讓你得以提升，並活出更寬闊的愛。

6月2日

問：如何在這段關係中「結案」？

所謂「結案」，不是企圖有一個世俗定義的完美結果。結案僅意味著你看見了，學會了，然後便可以放手。

結果是什麼並不重要，而是你是否看見你該臣服之處，而你臣服了。這也不代表你必然要在這個狀況裡扭轉乾坤、反黑為白、撥亂反正。

對方是否改變，並不是你是否結案的依據，重點是你是否改變。你是否不再因為不安全感或者信任感的議題而挫折？你是否能決定離開一段持續令你擔憂的關係？你是否有勇氣選擇活出內在的真理，而不是依循他人的標準？

結案不意味你「解決」了你原本以為的問題。有時候，當你只是認清了你真正要的、適合的，就可以放下。繼續耗在一段不適合自己的關係中，那將讓靈魂枯萎。

不是所有的發生，都是你的內在必然有什麼問題！有時候只是為了讓你了解：你是否有勇氣做出改變？你是否有智慧做出選擇？你是否聆聽內在的聲音設定界線，以保護自己內在的真理？

即使覺得仍然愛著對方，但是當這段關係持續侵蝕你的能量、拉低你的頻率，你是否能夠因為忠於自己、愛自己，而做出不同的選擇？

6月3日

讓自己安靜下來。投注於真正能讓自身壯大而不是虛弱，安定而不是焦躁，安心自在而不是恐懼與懷疑的人事物上。

6月4日

回歸自然，成為狂野的。

活出你內在的狂野！那個狂野是不受人為教條的限制，是不遵循世俗告誡你的道路，是不忙著討好他人與尋求認同，是不一味滿足世界的需求而忽視內在的聲音。

活出內在的狂野，接納自身的陰與陽，與你內在全然的真實同在。

6月5日

在事情尚未結出你期待的果實之前，你或許會懷疑，但現在是給出信任的時候。信任你已經走在正確的道路上。信任你所需要的一切會自動自發來到身邊。信任你所需要的資源必然不虞匱乏，並會在剛剛好的時候落地。相信一切都是為你好，都是為你最高最好的美善而安排。

6月6日

你的內在是寬闊的海洋，是炙熱的火，是璀璨的光，是無邊無際的永恆存在。

你是所有元素在這物質世界的顯現，你有火、風、水、土的力量，一切在你內在的空間，也延伸到外在的空間。你有這些力量，請善用它們，讓它們輔助你成為你在世界所渴望創造的，而你絕對有能力去創造你所渴望的。

知覺魔法的力量，就在你之內。

6月7日

不要擔憂生命中的落單，這不是需要擔憂的。就算如此，也要抱持「那又如何」的勇氣！

當你勇於孤單，你亦能勇於面對生命中的任何情境。即使在孤單中，也要盛開自己的花朵。而盛開之人，又何須擔憂無人嗅聞芬芳？

專注於自己，別把能量放在他人身上。把能量放在自己身上，意味著耕耘自己、愛自己，那將指引你找到真正舒服自在的關係。

6月8日

你內在有一個無限的寶庫供你取用，困惑擔憂之時不要一味向外索取，而是返回內心的家，傾聽內在高我給予的指引。

當你安靜下下來，你會接收到你所需要的訊息。

6月9日

有人對待他人慈悲寬厚，卻對自己嚴苛小氣。有人習慣付出，卻羞怯於接受。要知道：勇於接受也是對他人的付出。因為如此，你給予了他人提供服務、表達關愛，並貢獻一己之力的機會。你透過接受，也讓他人有機會給予，達成了愛的能量交流。

同樣的，當你付出時，其實也是獲得。你付出了豐盛，這將使你更豐盛。你給出了愛，愛將反饋於你更多。你付出了時間，時間將站在你這一邊，待你以溫柔。你付出什麼，你將得到什麼，這是真實不虛的能量交換。

勇於付出，也歡喜接收。布施未必是你所以為的單向給予，有時候它也會以看似接受的形態出現。

6月10日

問：如何擁有最適合的靈魂伴侶？

請活出你的喜悅與熱烈。

不需要譁眾取寵、尋求他人認同，而只是服膺於你內在的真理並據此行動。當你鍛鍊與清理自己，最適合的對象就已經在路上。

不要求，因為「求」是匱乏感的飢渴。不要尋找，安定於此時此刻。不要張望與焦慮，因為那無助於你的心想事成。

在你的內在深處安靜下來，深沉呼吸，去感受你內在的豐盛之流與源源不絕的愛。讓那個感受充盈你、貫穿你、流過你，然後顯化於外在的世界。

6月11日

問：如何擺脫眷戀的執著？

在還有眷戀的痛苦時，表示能量的清理尚未完成，請給予自己多一點耐心經歷整個過程。去體會愛的各種面貌，也包括經由這個過程所帶給自身的提升與進化。請看見任何狀況都是能夠為你帶來進化的禮物。任何當下感受到的情緒，無論是懷疑、背叛、焦慮、不安，都是假命題；它們都只是你需要清理與如實面對的恐懼。

面對、清理，一切恐懼的能量將不復存在。當你事後回頭看，你會訝異於自己當時的糾結；因為當你誠心面對一切你以為的恐懼，它們終會消散。請對此保持信心，並繼續勇敢走下去。

6月12日

在生命處於糾結之時，安住於這個糾結。

看見你之所以身處其中，必然有它的原因，請給自己一些耐心去經歷與體會。

如實清理，你會穿越一切，繼續大步向前。

6月13日

當你是閃亮的光源，他人自然跟隨。你無須大張旗鼓要他人看見你，因為你就是黑暗中最亮的那顆星。

你無法勉強他人忠誠於你，因為那是他人的選擇，但是你可以忠誠於自己內在的真理。大膽活出內在的渴望，並說出你內在的聲音！

當你是由內而外的表達與生活，他人的眼光根本無足輕重。因為你內在自然會升起一股篤定的確認感，讓你穩穩立足於這世界的中心。

6月14日

神性不是置外於你的東西，祂就是你。你就是光與火，就是無限的光明與璀璨。

神性就是你的本質。

永遠記住你的本質。永遠在選擇中活出愛，朝向光明。永遠有意識地為自己的選擇，負起全然的責任。

6月15日

把所有散溢與破碎的能量從外在的世界收回來，收回到內在的中心。當世界喧囂，你愈要平靜。當外在的現象擾動，你更需要安定於內在的安靜。知覺你就是那平靜。那平靜不置外於你，不是你苦苦追尋的身外之物，平靜就在你之內。

6月16日

問：當外在世界喧鬧或者需求不斷，該如何維持內在的平靜？

外在的一切都是現象。現象高高低低、起起伏伏，恆常變化。但你是誰？你是你內在的平靜。有意識的覺知於此，這個覺知就能夠穩住你，並提醒你是誰。

你不是隨風起舞的波浪，你不是反應，你是有意識的回應。

愈有覺知於你是誰（你是平靜），你就愈能夠安住於一切現象之中。對於內在升起的波濤洶湧不要大驚小怪或者苛責自己，內在一旦起伏了，就把自己拉回來，把散溢於外的能量收回來。當能量收回到內在的中心，你會看見，平靜就是你內在的本質。

透過深沉的呼吸，亦能夠幫助你調伏紛亂的能量場。呼吸有多深沉，你就愈能感受內在的平靜。

6月17日

愛是打開你的心，並且誓願無論發生什麼都要打開它。不要被幻象阻礙了你最珍貴的綻放，無論如何都持續綻放你心輪的千瓣蓮花。

當你的心輪綻放，愛將源源不斷湧現；屆時你是無法不去愛的，因為愛就是你的本質。

6月18日

你內在的海洋廣闊無垠、深邃無邊，不要自限於範圍，不要縮限於自己的可能性。請勇於踏出邊界，探索無垠。

知覺於自己的無限，時時將自身的無限性放於心中，以此覺知生活與行事，如此你會在任何事物中都一瞥宇宙的真理。

你就是那無限，而那無限也將以奇妙的方式，向你展現它們的偉大與豐盛。

6月19日

順流而行，一切自有最好的安排。

當你心中想的不是成功而是圓滿，不是贏者全拿而是共好，這個起心動念將為你所做的行動，帶來截然不同的品質。

當你是豐盛的，此意念將引導你在任何事物上，都成為一個給予者與貢獻者。當你是空乏的，你的緊縮將反映於你對於人事物上的吝嗇。

而實相是什麼？實相是，你們就是豐盛與無限的！自我設限是幻象的伎倆，將你們困於非此即彼，自以為資源有限的惡性循環之中。

競爭在某些情境促成你的進化，但在此時此刻，更需要的是轉化這些限制性的信念，去看見更大的實相。如何共好、如何雙贏，如何在體察他人的立場上，也為自己錦上添花。

6月20日

祝福所有你需要溝通的對象，祝福他們成功，因為對方的成功也是你的成功。你們在本質上是一體的。以此意念去行動，一切將會導向最高最好的結果。

在任何事物上都如此：覺知沒有敵人，只有貴人與朋友。無論這個溝通對象在你當下的生命中扮演什麼角色，他的出現必然有要帶給你們彼此的禮物。請以更高的覺知去看見這個禮物，穿越角色的屏蔽，去看見禮物的內涵與真諦。

祝福所有你溝通的對象，祝福他們成功、喜樂與平安。為他們設想，讓他們因為你的存在而如沐春風。

你就是那春風，你不僅吹撫了他人，也溫柔了自己。

6月21日

當你有被困住的感覺，要有覺知地透過意念去轉換情境。怎麼轉？就是兀自活出你的喜悅芬芳，兀自活出你的光明磊落與健康，兀自盛開豐盛。做任何你想做的，以及你覺得要做的。

他人與世俗的眼光並不重要，幸福有時候正是不去在乎那些世界要你在乎的，而是活出與照顧你內在的真理，讓其綻放！

6月22日

如果一切都是為你好，那麼去拆開當下這個禮物之中有什麼？

如果一切都是生命給予你的禮物，那麼到底要擔心什麼呢？即使天塌下來，也要抱持幽默感與歡喜心。

一切都是幻幕，一切都是如你所求的體驗，無須擔憂與算計。

順著走，無須耗費能量於掙扎，將氣力投注於提升頻率，歡喜生活，與不斷精進自己。

不要將能量用於灌注小我的憂慮與擔心，那是中計了。憂慮就是餵養小我，高我只會歡唱喜悅。

6月23日

你內在有愛的海洋，放送愛的暖流。

你內在唱誦真理之音，永不停歇。

不要去追逐外在的權威，而是傾聽你內在的真理。不是去外面尋找愛，而是看見你本身就是愛。

6月24日

不需要去改變他者，那是向外用力。請對自己用力，才是一勞永逸。
不要把力量放在外面，放在自己之內，那是你真正可以掌握之處。
在你當下所面對的對象之中做功課，如此你能夠與之快樂相處，也能夠與之平靜分手。關係的結果不是重點，交流中平靜的品質，才是你能夠帶給關係最重要的價值。

6月25日

當你是寶石，你不會黯淡。
當你是愛，你不會孤單。

6月26日

莫虛度好時光，亦無須擔憂時間快慢。

時間是虛幻的概念，唯有當你活在當下，時間才會成為真實的。

「不思過去，不想未來」的意思是：當下就是你可以創造的時間，你又為什麼需要瞻前顧後、躊躇不前呢？

6月27日

無論如何，都不要封閉你的心、封鎖你的表達，而是在每一個瞬間都順心而為，表達你渴望表達的。

不要封閉你的心，因為那是損己。封閉表示能量不能順暢流通，那是將能量淤積在體內。而當你順暢表達了，就放下對結果的期待。當你如實說出內在的真理了，就無須關注結果會如何。

重點是能量的流暢，沒有淤阻、沒有鬱結，並在每一刻都活出真實，表達真實。對方如何回應是他們的選擇，永遠尊重他們。

6月28日

在你澄明的心湖中安歇下來，安住於旅程中的風平浪靜，安住於這一片刻的美好靜謐。

事實上，這份安寧平靜的品質，是你隨時隨地都能夠給自己的，只要回到你內在之處。

外在的一切紛擾都只是現象，無須跟隨現象起舞，而是定錨於自身內在的平靜。在那兒創作，在那兒構思行動，在那兒有無限的靈感會自深處湧出，而那就是源頭給予你的指引。

6月29日

如何持續活出熱情，享受人生，而不被人間遊戲所困惑？

其祕訣是：有距離的觀看生命戲劇，但是熱情投入。在其中付出貢獻，但毋需執著於結果。

事實上，生命這個遊戲不是用來困住你的，而是讓你能在其中享受與玩耍，並從中不斷精進與成長。

6月30日

你內在的海洋廣闊無垠、無邊無際，不要自陷於範圍，永遠要活出更大的、更寬闊的，與更無限的。

生命的旅程就是一場擴張之旅，打破你以為的疆界、擴張你以為的深度，向內探索那浩瀚無垠。

愛的練習之六

看見禮物

這個月，邀請你列出對你而言，生命中最富挑戰性的四個事件或關係。什麼是你覺得最困難、最糾結、最不易穿越的？

請安靜下來，拿出你的紙與筆，列出至少四個事件或四段關係，請詳細描述它們的過程、困難點、相關人事物，與你的情緒感受。如果你喜歡畫畫，也可以用你的畫作來表達。

完成之後，請逐一檢視，並好好端詳你寫下的情節。問自己：

「我在這個故事中扮演什麼角色？」

「我為什麼要扮演這個角色？」
「我如何面對這個狀況，為什麼？」
「這個狀況帶給我什麼好處？」
「我為什麼需要這個故事？」
「如果可能，我能做出什麼不同選擇？」

任何人事物的出現，都必然有要帶給你的禮物。這個禮物可能是：
一個體會——如：愛人之前先愛自己。
一個學習——如何放下怨恨，而讓自己自由。
一個智慧的看見——我的情感關係不需要複製我父母的關係，我可以創造屬於自己渴望的關係。
一個勇於做出選擇的行動——離開不舒服、但熟悉的關係模式。
或者一個更認識自己的機會——例如：原來我真正渴望的是家人的認同，而不是追求物質金錢。

即使是你覺得最不堪最糟糕的經驗，其中也必然隱藏了一份要給予你的禮物。現在，邀請你去看見它們是什麼。安靜下來，做三個深長的呼吸，允許答案自心中慢慢浮現，然後把它們寫下來。

當你能在困境之中看見其中隱藏的祝福，你就能掙脫這些困境。你可以選擇不需要透過重複的故事情節來獲得這些禮物，因為你現在就已經拆開包裝紙，看見它們了。

愛你們，獻上祝福。

來自宇宙神聖智慧的每日訊息——7月

7月1日

爭吵或者衝突從來不是一個問題。深入的關係，有時候正是透過看似衝突與不和諧的狀況，而得以進入更深刻的探索，揭開矯飾的面紗去看見彼此真實的模樣。而無條件的愛，才有可能從內在真正升起。

在每一次爭吵之後都以愛圓滿，在每一個衝突之後都以愛畫下句點。如此無論你正在經歷的是什麼，都將是愛的旅程。

7月2日

不用擔心，一切很好。

當你知道一切都是為你好，一切都是為了你的提升而來，有什麼會是不好的呢？沒有。

請開心喜悅的過每一天，不要保留的過每一天，沒有後悔的過每一天，就是如此。

7月3日

盡情享受生命，是讓虛幻變得真實的方法。在虛幻的世界裡痛苦，是在夢中作夢。

在虛幻的世界裡，請全然的生活，活出喜樂，全然去愛，那會讓你穿越夢境，體驗真實。

7月4日

該需要節制的時候節制，但請不要變成體重數字的奴隸。不要以體重標準來生活，而是將覺知放在你進食的態度上。

對每一口食物感恩，會讓食物以最高最好的方式被消化與吸收。感恩能夠轉化能量，裨益你的身體系統。

接納身體每一個階段的樣子！當你接納自己，而不是批判或抱怨身體，你的系統自然會以最高最好的方式為你服務。

7月5日

別壓抑，壓抑是對能量的束縛與限制，是不允許情緒的湧現；而在壓抑的限制與獨裁裡，沒有慈悲。

讓能量流動，讓情緒浮現，不要視情緒是不安全的而恐懼它們的出現。如實看見情緒的各種樣貌，然後允許它們的釋放與離開。

如何讓情緒自然的離開呢？請不要給情緒貼標籤，不要污名化你的情緒，不要批判，而是看見與感受情緒背後的原因。

以慈悲之心面對自己，便是愛自己的第一步。

7月6日

運動讓能量得以流動與移轉，是釋放壓力最好的方法之一。信任你的身體，傾聽身體的智慧，你會知道該如何以更有效率的方式在人生中前進。

所謂效率，是不盲目或者虛耗能量於糾結與執著之中，而能以撥雲見日的清晰感，爽朗地走在生命的旅程裡。

運動不僅在於肌肉鍛鍊、呼吸調整，也在於身心各方面的協調與平衡。當你感覺鬱悶時，請求教於身體智慧的指引，動起來！

7月7日

傾聽窗外的雨聲，感覺宇宙的波流正透過雨水清洗與潤澤你的生命。

在任何事物上都看見祝福，而不是詛咒。在任何人事物上都看見他們要帶給你的體驗，而不僅是困擾或阻礙。從改變知見開始，體會嶄新的世界就是你能夠帶給自己最好的禮物。

事實上，豐盛的恩典是無所不在的，正如同愛的無所不在。拿掉阻撓你去感受愛的藩籬，你會看見自己的存在本身，就是愛。

你的每一個DNA，每一個細胞都全然的為你工作，無論你覺知與否。這個推進的動力本身，就是宇宙循環不息的愛。

7月8日

當你與源頭連結，也就是與內在的神我連結，你不需要透過頭腦去謀劃，只要跟隨直覺的引領，自然會一步一步走到你需要到達之處。對於一個歸於中心的人，該發生的豐盛會自動聚攏，該需要的資源會手到擒來，該需要的遇見會不費力的收穫。當你內在已然完滿，世界將以完滿的方式在你眼前呈現。

7月9日

讓他人做自己，而完全不受其波及？是的，這是可能的。帶著祝福與感恩的意念，自然會通過一切。

給予他人全然的自由去表達他們自己，這同時允許了你也能這樣做。而他人的表達僅代表了他們自身，未必與你有關，反之亦然。

有意識於你的表達，因為所有表達都在說明與表彰你是誰，而不是指向他人是誰。當你說他人是笨蛋的時候，不代表被你批評的那個人就是笨蛋，這句話只是表達了你自己的觀點。

而如果那表達僅代表說者自身，聽者要做的，就是要有足夠的智慧去看見那個表達背後的能量，無須對號入座，或者因為他人的表達而懲罰自己。

7月10日

活出自己的道途，而不是他人的道路。活出自己的節奏，而不是他人的舞步。模仿他人對你的生命沒有意義，你唯一要做的就是自己。

而做自己的第一步，就是傾聽自己。誠實回應與活出內在的真實，說真實的語言，並回應真實的思維與行動。

你內在的真實就是你的指南針。當一個人活出內在的真實，他該有的豐盛與喜悅會自然來到；他該走上的道路，會在眼前為其展開。

7月11日

真實的愛就在你的內在，當你真正觸及了，它們的湧現和你的對象是誰、是如何，都沒有關係。

因為愛是從你而來的，和他者無關。他者是誰並不重要，他者並沒有任何特別。你可以愛上任何對象，只是你要把能量投射到哪一個對象身上而已。

當你清理了關係之間的課題，你就自由了。這個自由不意味著一定是分手或者關係的分裂，而是你可以非常自在的決定關係的形式。你不會有痛苦的依戀、黏膩的執著，或無法放下的感受。

如果在一起，是因為你享受這個在一起，在一起讓你喜悅。如果分開，也是因為一切水到渠成的機緣，這是課題被清理之後的爽朗自在。

關係的結果並不是重點，清理的過程才是。當你清理與面對內在真實的情緒，那個關係的結果無論如何呈現，都會是最高最好的。

7月12日

平靜你自己，就是平靜這個世界。世界的紛紛擾擾與你無關，無論外境如何變化，你都是能夠守住內在平靜的那一股和平。

讓自己成為無論走到哪，都是能夠帶來更高秩序的存在；無論走到哪，都是引動愛之波流的力量。

7月13日

你是否需要透過戲劇化的故事情節來體驗愛情的感覺，而誤以為那是獲得愛的唯一途徑呢？

親愛的，愛不是在戲劇化中才誕生的，請去看見愛的無所不在，平靜之中亦有愛。

思考你想要的愛是什麼？是非得透過戲劇化的波濤洶湧去體驗？或者，在看似平凡的日常裡，你亦能看見愛的樣貌，並感恩這樣平實的存在，滋養並感動了你的生命？如果你的潛意識以為必須透過戲劇化的情節來體驗愛，那麼，你將不斷吸引這樣的故事情節來到你的生命裡。

正如同，如果你相信「不經一番寒徹骨，焉得梅花撲鼻香」是獲得成功的唯一方法，那麼寒徹骨的體驗，將成為你生命中不斷的挑戰，來幫助你體驗撲鼻香的喜悅。

7月14日

你的提升會帶動關係的提升。
你的清明將為關係帶來新鮮的空氣。
你的自覺將引動關係中智慧的芬芳。
你的喜樂會為關係召喚溫柔的春風。
你更高的看見與覺知，將為你所處之地帶來更高的秩序。

7月15日

所謂清理工作，在於向內清理你內在的信念系統。如果既有信念不能讓你活得更喜悅、更幸福，而是糾結困頓於生命的掙扎裡，那麼，你為什麼還要繼續持守這些信念呢？

請去看見，你就是生命實相的創造者。欲改變實相，就先改變信念。

7月16日

你內在是寬廣無垠的海洋，無論任何小石頭的墜入，你是否都能持續守護你的波瀾不驚與氣定神閒？知曉那是一顆小石頭，而你是寬廣無垠的海洋，你自然會有無邊無際的包容力去承接一切。

這個承接是以更高的智慧去看見：你是整個宇宙的寬闊空間，沒有一切能擾亂你內在的平靜。

7月17日

問：如何吸引最適當的人際關係？

對自己下功夫，對自己做功課。知見的改變就能夠移動能量網格的改變，一切都會因為你自身高度的提升而有所變化。

重點不是他者是誰，而是你是誰。「你是誰」將吸引與你相呼應的對象，而那些不能夠繼續共振的人事物，將隨之遠離。

7月18日

當你向內做功課，你是無敵的。因為外境將不再能夠牽動你、影響你；即使有，你也知道那是為了你的進化而來。

凡事的發生都不是為了讓你受苦或者感到困擾，而是為了你的提升與進化。

而什麼是提升與進化呢？其實便是清空那些你以為不是愛的阻礙，去看見愛。而當你看見愛，自由與喜樂會隨之而來。

不需要將力氣放置於外境的處理，那些都是枝微末節。不需要去算計籌畫而是向內清理，接受心的引領、臣服、接納，與調和。如此外境自然變化，你自然會走上你所屬於的康莊大道。

7月19日

慈悲有時候是願意給予耐心，願意等待。而那等待是溫柔的，是看見萬事萬物皆有自己的時間，並尊重他人的選擇與步調。

靜觀一切的荏苒變化，有耐心地等待一顆果實的成熟、一片葉子的墜落、一朵花的綻放。

這個耐心是智慧，也是慈悲。

7月20日

做自己是需要勇氣的。你恐懼因為表達自己的真實而不為世界所容、不被你所愛之人接納嗎？你願意冒著可能觸怒他們、令他們失望，甚至失去他們的風險，而活出最真實的自己嗎？

許多時候，你是否無意識地透過表現出他人喜歡的樣子來取悅這個世界，卻犧牲了自身內在的真實？

然而，表達自己的真實是真正溝通的機會，是讓對方看見你的需求與渴望。而當關係中的你們都能以真實對話，真實的關係才有機會建立。

而當你表達了真實，無論結果可能是什麼都會是好的。因為真實會帶來更多的真實，而活出真實，就是活出喜悅與圓滿。

7月21日

永遠說出你內在真實的言語，永遠去表達你相信的真理。說出與表達之後就交託！他人與外界的反應不是你要去控制的。而當你說出了內在的真實，也請允許他人這樣做。

表達真實而面對衝突，將勝於虛與委蛇、陽奉陰違，因為後者是虛假的和平。活在虛假裡是消耗精力，這將使你內在的資源，無法集中去創造你應有的豐盛與喜悅。

7月22日

勇氣不是服膺世界的標準去做應然的事；而是遵從內在的真實，走出本然的道路。

勇氣不是花力氣去完美自己取悅他人；而是願意誠實面對內在的真實，擁抱自身的不完美。

勇氣是看見內在的光明，無論外界多麼黑暗，都願意持守那份光亮，並堅持將它們活出來。

勇氣是永遠都去愛，即使被深深傷害過，也能從傷害中蛻變出更大的寬容，去擁抱那個傷。

勇氣是無論如何都對自己保有慈悲，並對宇宙懷有天真的信任。這份天真將使你的勇氣蒙受祝福，並得到全宇宙的支持。

7月23日

問：請談談內在的清理。

正如同你不會在年前大掃除後就一整年都不清理房子，對於自身生命能量的清理，也不會在一次清理功課後就萬無一失。

你們的能量狀態每日都在變化。因此，從最簡單的每日能量清理，到更深層的潛意識編程的挖掘與信念下載，都是你們得以持續活出輕盈與自在的祕訣。

有意識的清理，有意識的知曉一切的發生，都是為了你的進化與提升而來；你便能在更高洞見的引領下去活出內在更大的寬闊，與外境實相更圓滿的圓融。

7月24日

享受生命！張開身體的每一個細胞盡情體會愛與美，盡情體驗當下流過的感受與每一個細胞的歡唱。將你的振頻提升為喜悅，那麼一切的繁花盛開將成為你的盛開，你的實相就是盛開。

以盛開的心念與意願綻放生命，沒有保留與遺憾。以盛開的姿態生活每一天，而當你在當下盡全力的盛開了，瀟灑放手與喜樂臣服才能順水推舟。

7月25日

好好在每一刻活出喜悅與自在，那個美好的未來自然會來，因為你在過程之中已經創造了它。

當下的過程就是未來，所以專注於過程即可。過程順了、喜樂了，未來自然會以最高最好的方式呈現。

而那個所謂最高最好的狀況，有時候並不是你腦子中想像的「應該」；而是當你放掉腦袋的預設，專注於當下，它自然會形成的最高最好。

臣服，接納，然後慶祝。

7月26日

徜徉於愛的波流，知覺自己就是那股波流。

徜徉於神性的光輝，感受自己就是那道光輝。

你們所渴望的光與愛從來不置身事外，它們就是你們本身。這不僅是一個浪漫或者詩意的說法，在能量上，你們的組成的確就是如此。
當遭遇困境或者挑戰，你若憶起自己就是光與愛，那麼會發生什麼呢？你是否會更有勇氣去衝破黑暗，迎接挑戰？你是否會更容易放下，不讓怨恨的沉重能量阻擋你繼續向前？
永遠記得，你比你們所以為的困境都來得更大、更有力量。

7月27日

看見你自身擁有無與倫比的療癒能量，超越你以為你能提供的，超越你以為你能做到的。
知覺你就是神性力量於世間的顯現，你就是造化的參與者與創造者。知覺於此，讓你的所作所為都在行動，與見證自己的偉大與無限。

7月28日

若是攜帶怨恨的能量，自然會不斷吸引要來被你怨恨的人。他們進入你的生命裡，其實是如你所求。

而當怨恨的能量被清理，你的生命自然不再需要這樣的角色與劇本，無論是讓你來演出或體驗。相反的，喜悅的能量將吸引豐盛與愛的滋養，如同花朵的綻放，將邀請蝴蝶的翩然而至。

7月29日

你的一生可能會有無數個「靈魂伴侶」。他們可能是你的戀人、伴侶、孩子、朋友、上司，甚至寵物。

不要執著於你渴望的愛，將以何種形式流進你的生命裡；而是要敞開所有的細胞，去感受愛的無所不在。你愈感受、愈敞開，那個愛的波流會愈有機會流向你。

「藍圖伴侶」則不同，他們的出現和你不僅是浪漫關係，也建立於有共同的使命要完成。你們對彼此有承諾，要在人生旅途中攜手同行，共同創造。

7月30日

向內清理不是為了完美，不是為了讓你成為一個完美的人，或者成就所謂完美人生。

向內清理是透過自由的可能，讓你成為自己。成為你本自具足的富足、豐盛、愛，與喜樂。

當你清理了內在的痛苦悲傷，無論那是來自童年記憶、家族傷痕、前世執著，或者靈魂層面的集體意識，你的內在將會騰出更多空間。那是愛與創造力能夠自在流動的所在，也是滋養的生命能量能夠貫穿，讓你感覺生命本身就是個奇蹟的魔法。

7月31日

你永遠可以選擇你要與哪個界域的能量進行連結與溝通，你永遠可以選擇你要相信什麼、體驗什麼。

做為一個有意識的靈魂，你能夠自由選擇什麼是你在這個生世旅程中所要體驗的經驗。而當你選擇覺醒，你不會只挑選那些看起來現世安穩的道途，你會勇於挑戰，甚至揭開內心的傷疤。你會勇於面對療癒，雖然這些過程可能並不輕鬆，可能會流一些眼淚。

作為一個致力於覺醒的靈魂，你會知道返回本源，才是通往回家的道路。

愛的練習之七

傾聽內在的聲音

本月邀請你，每一天都真實傾聽自己內在的聲音。請在每一天睡前進行這個練習，給予自己不受打擾的十分鐘，以舒服的狀態，關掉你的手機與任何3C用品，好好面對自己。

請仔細回想你的一天，你做了什麼？說了什麼？你有什麼感受？

然後問自己：對於今天的所思所言所行，是否都反映了你真實的心意？或者在何處何事上，你其實並未表達真實的自己？又或者，在這個安靜的冥想裡，你突然發現你真正的想法與感受原來是這樣，而不是那樣。

你亦可以詢問你內在的智慧，那些關於今日生活中的疑問，等待答案自心中浮現。答案或許並不總是及時降臨，請給予這個過程耐心。

每日將你的發現記錄下來。愈常進行這個練習，你愈能清楚聆聽自己內在的話語。請信任內在的智慧，它們是你專屬的生命指引。

愛你們，獻上祝福。

來自宇宙神聖智慧的每日訊息——8月

8月1日

那些過去的哀傷、憤怒、痛苦，如果已經無法對你當下的人生提供支持，那麼你為什麼還要緊抓住不放？

清理那些過時的哀傷，放下從過去就禁錮你的執著，讓自己在當下自由。不是要等到完成了什麼才自由，而是在當下就放手，就自由，就解脫。

8月2日

當你帶著覺知，你會看見周遭的每一個人，都帶著他們要給予你的禮物。端看你怎麼拆開禮物、詮釋禮物，並且領會這份禮物所帶來的意義。

有些禮物不拆開，你只會看到憤怒與恐懼；有些禮物不用心體會，你以為它們只是讓你流淚悲傷。但是你來到這世界，宇宙並不是為了讓你受苦。

事實上，一切的體驗都是如你所求，為了你們的進化與提升而來。轉換知見，去看見你在每一段關係中收到什麼禮物？對方帶給你什麼學習？你為什麼需要這個學習？這個學習帶給你什麼嶄新的洞見與對自己的理解？它們如何幫助你以輕盈的步伐邁向人生，還是你正沉浸於過去的痛苦？

去思考這些禮物的深意，那麼你所經歷的一切，都會成為滋養生命的養分，讓你活出更飽滿的豐盛與圓滿。

8月3日

你不需要緊抓住悲傷、悔恨與痛苦怨懟的感覺去體會愛，因為愛不需要在困境中才能體會。

你不需要經歷痛徹心肺、撕裂自己的經驗，去感受自身的價值、堅毅與勇氣，因為你本身就是這樣偉大的存在！

去看見這些偉大與宏偉的品質就在你之內，就在你的內在熠熠生輝。去看見這些幻幕與劇情都是為了提醒你穿越幻象，穿越一切人世戲劇，以看見自身內在的真實，並且熱烈的活出它們！

8月4日

真正的勇敢是什麼呢？不是把武器向外，不是劍拔弩張，而是勇於面對內在的黑暗。舉起火把，定眼去瞧瞧，黑暗是什麼。

事實上，黑暗並不真的存在，因為黑暗也是光明的一部分。

8月5日

對於前世的瞥見，不是為了讓你沉迷於過去情節，反而是要跳脫情節。因為你有權利去選擇是否要繼續受制於過去的能量，你有權利選擇在此時此刻要活出什麼樣的人生。

知曉過去受困的故事，在其中看見新的可能。改變觀點，就能移動能量網格。以更全盤的知見去同理，就能超脫過去生生世世的束縛，在當下即刻解脫。

業力不是懲罰或者束縛你們的能量或詛咒，業力是祝福，是驅力，讓你們得以有機會進行能量平衡；並且更深刻的了解自己，解鎖自己，然後成就自己。

8月6日

勇敢是儘管受到打壓與不諒解，你們仍然堅毅地執著與不放棄。

勇敢也是不再緊抓住那些因為必須堅強的堅強、必須勇敢的勇敢、必須犧牲的奉獻、必須委屈才能得到的愛，以及釋放必須貶低自己才能做出的貢獻。

勇敢是你願意放下那些讓自己受苦的堅持，那些讓生命不再得到滋養的行為模式，以及那些糾結的情緒能量。

勇敢是你看見自己的傷口，願意溫柔撫慰，並釋放那些傷痛。

8月7日

關於勇敢。

是你不再需要他人眼光的肯定，就能全然活出自己、綻放自己。是你不再需要他人的觀點來定義自己，並決定自己的行動。

他人的喜好評價與你的行動無關，他人無法左右你的人生選擇，因為你已經知道自己是誰。你已經知道你是道路，你是自己的道，你走在自己的靈魂藍圖上，並且閃耀獨一無二的光芒。

你無須他人的印證，就看見自己的偉大並活出那份偉大。你無須他人的認證，就見證自己的傳奇。你活出內在的神性並與神性同行，而且能夠引領他人也這麼做。

8月8日

開放你的心，綻放你的靈魂，並且看見它們從來都是綻放如玫瑰的。

看見你的圓滿，不需要因為受苦。你的綻放，不需要因為困難與挑戰。你不再需要為自己製造一幕幕的戲劇或者陷入一齣齣高潮迭起的故事，來讓自己體驗與成長。

請透過不間斷地清理與挖掘，見證與活出你本然的圓滿。

8月9日

穩定立足於自身的中心，閃耀你內在的光芒，並完全專注於自身的成長。

不要因為他人的膽怯，影響你活出自己的勇敢。

不要因為他人的忌妒，阻礙你發光發熱。

不要因為他人的觀點，限制了自己的綻放。

要知道除非你允許他人的阻礙與對你的影響，不然沒有誰能真正阻止你的自在飛翔。

8月10日

問：該如何召喚藍圖伴侶？

無論你正在做什麼，你都在透過你的行動顯化，你都在創造自身的旅程。

請持續綻放自己，請允許自己開花。

請對自己慈悲與慷慨，你內在的柔軟與豐盛是最耀眼的光。

滋養自己，因為你值得。

尊重內在的真理，永遠對自己誠實。

珍惜自己與他人的能量，帶著覺知與人互動。

持續精進，並對自己的成長與進化負起完全的責任。

當你這樣做，你就是在創造你的藍圖伴侶，你就是在走向他們的道路上；正如同他們也正在以最高最好的方式，準備與你相遇。

8月11日

敞開你的心，打開你的天線，讓宇宙無限豐盛的資源可以流向你、滋養你。

事實上，這就是宇宙愛你的方式：永遠給你無限的豐盛與源源不絕的愛，只要你打開全身的細胞去接收。

你的身體和宇宙都是一個無限場域，不要被表象的肉身狀態所限制，而看不見自身的潛能。身體是你的雷達，請好好善用身體的智慧，與身體齊力合作，將幫助你更加開啓直覺力。

8月12日

綻放你的美，那是在核心本質的土壤裡才誕生的玫瑰；那是唯有你，才能開出的顏色與綻放的姿態。

看見並珍視自己的與眾不同，並且允許他人也這樣珍惜你。

8月13日

竭盡所能的去愛、去付出、去感受，不要將力氣用於澆灌小我的無明。當你清理了內在的陳窠，你就能在當下享受每一刻的輕盈自在，並將這份輕盈與周遭分享，讓你身邊的人也因為你的清理而如沐春風。

然後，繼續活出你的浪漫。為什麼不呢？

浪漫是竭盡所能地生活，不要吝嗇；是竭盡所能地去愛，而沒有保留。對於生命中的任何事無須緊縮，而是大大方方的給予與接受，讓能量以一種最自然的流動通過你們，讓豐盛的富足在你們身上，以毫不費力的方式顯現。

當你改變，你周遭的一切也將改變。當你不同，世界就算一樣運轉，你也會有不同的姿態去面對。這就是療癒的魔法！它讓你們活出更大的自由，而這個空間就是愛與喜樂能夠滋養之處。

8月14日

當你不知道該怎麼辦時，做自己即可。做自己，永遠是最佳策略。

去想想，那個最高最好版本的自己會怎麼做？

與你的高我聯手創造，傾聽其之指引；讓你的高我成為你的嚮導，走出屬於自己的生命道路。

8月15日

敞開自己，永遠敞開。無論發生什麼都不要緊縮，而是以開放自在的心，去體驗與經歷一切走過的風景。

當你是展開的，你的世界就是展開的。當你開放自己，全世界都會為你開放。而當你開放，你不會糾結，不會有必須要留下什麼或過不去的什麼。如此，所有的經過都會成為生命中美麗的風景，妝點你的生命。

8月16日

唱出你內在的旋律，無須管他人看法。

表達你內在的真理，無須擔心是否符合世界的觀點。

走出自己的步伐，別擔憂那條路徑是否人煙稀少。

舞出你自己的躍動，儘管他人並不明白。

當你致力於表達自己、活出自己，你會將所有散落於他人身上的能量，收回到自己身上。那會讓你愈加清楚前方的道路，與你自身的人生使命：你是為何而來？

你要創造什麼？

而當你做自己，亦是顯化靈魂伴侶的最佳捷徑。因為當你調頻了自己，你才會吸引與你內在能量能夠真正呼應的對象。

8月17日

活出你內在的神性，就是活出真實的自己。因為真實的自己與內在的神性是同一件事。

當你脫掉束縛、擺脫制約，拔除那些你以為是你的、但事實上不是你的假象，你在內在所見之人就是神，而那正是你自己。

8月18日

在疲憊之時，好好安定住自己的心神，不需要忙著出頭或者急於表現，而是要安住於自身的在。

當你的在（being）穩定了，你的核心安定了，你自然會在所有迷霧中看見該走什麼道路，該做什麼決定。

8月19日

隨著清理，你內在的空間會愈來愈寬闊，那個寬闊會帶來自由，而自由會帶來更多的愛並移除不屬於愛的阻礙。而愛會帶來什麼呢？豐盛與喜悅。

清理的意思，並不是看到自己哪裡有問題，而是看見平衡內在能量的機會。看見自己可以持續揚升，並活出更多自由的恩典。

8月20日

活出更多愛，這是當你清理生命之後的別無選擇。因為你將幻化為一支愛之箭，射向任何你要前往的地方。你將化身為一座愛之泉，潤澤任何你所及之處的乾涸。

你的言語將是溫柔的慈悲，你的行動將是有力量的支持。當你清理了那些讓你無法看見愛的阻礙，除了活出愛與表現愛，你還有什麼更好的選擇？

8月21日

整合你的陰陽面，也整合你的神性與人性，知曉這一切本來就在你之內。你要做的只是找到其中的平衡，並享受這個平衡。

平衡不是靜態的不動，而是動態的順流而行，動態的調整。而這正是人生旅行的美妙之處。一方面體會人性的趣味，體驗各種情緒波流所帶給你們的千滋百味；另一方面揭開層層面紗去瞥見神性的無限可能，並體現這個可能不在你們之外，而恰恰在你們之內。

是的，你可以既享受人世的各種趣味，無論是生兒育女、談情說愛、附庸風雅，或者從事各種你所渴望的世俗活動。然而同時，你也可以在心中保有如如不動的平靜，體會清淨無染的自由自在，並將這份超出言語所能形容的平靜與自由和他人分享，邀請甚至鼓舞他人也成為這個神性偉大計畫的一部分。

事實上，你們每個人都是神性計畫在人間的一部分。

8月22日

親愛的，我們愛你，無論如何都愛你。

無須擔心你在這個世界的表現如何，無須擔心你在這趟旅程的收穫多少，無須擔心你是否過得有意義。要知曉，那終極存在的一切本身就是宏偉的計畫，而你們的存在本身就是意義，就是價值，就是生命之所以存在的祕密。

既然如此，無須擔憂，也不用害怕，而是順著生命給予的指引依序前進。

成功之所以對你有意義，那是因為它呼應了你內在的渴望，顯化了你所想要體現的愛與美。

成功對你之所以美妙，是因為它讓你看見了你能活出的豐盛。事實上，你們所做之一切，都在體現與創造自己。

8月23日

學習放下那些你以為「應該如何」的堅持。隨著清理，慢慢去除制約，擺脫執著，放掉你覺得「應該怎麼樣」的標準與規矩。

你是否能放掉自以為是的理所當然去愛人呢？你是否能開放地讓他人，以他們能夠與想要的方式愛你呢？

當你愈清理，你能夠愛與被愛的容量就增加了。你會拿掉很多執著與束縛，而那其實正綑綁住你。

拿掉限制，脫下鎧甲，讓你看起來似乎很脆弱？但其實你會因此而變得更堅強！因為你不再需要那些無法讓你前進的信念撐住你，而能夠轉化成以愛與自由，去支持自己和他人的生命。這就是升級！

所謂升級伴侶要做的，就是升級自己。改變自己是世界上最靠譜的行動之一，因為當你改變，全世界都將隨之改變。

8月24日

知覺自己的完整，並看見自己本來就是完整的。在對完整的體認裡，你們不會盲目的向外索討，或者因為匱乏而對外抓取。不會為了得到他人的愛而犧牲自己；也不會為了獲得他者的認同，而對自身的真實視而不見。

在對自身完整的體認裡，你們給出的愛沒有「需要填補什麼」的緊張，你與他人的關係也會愈來愈輕鬆自在。因為完整的自己，會帶來完整的關係。

8月25日

當你有光，他人自會靠近。所以更要警覺於自己的能量場，將你的能量留給真正適合與需要的人，不要胡亂發散，要對自己的力量保持覺知與謙卑。

謙卑，你才會謹慎運用。

覺知，你才能智慧以待，不會無的放矢，不會浪費資源。

耗能的事不要做。耗能常發生於兩種狀況：一是因果未成熟卻強求，徒費力氣；

二是陷入劇本的昏睡狀態，任由劇本帶你演出故事情節。這都是耗能，因為沒有看見更高更好的觀點。

8月26日

當你清理，你會對能量的感受益發敏銳。警覺地區分什麼是你的情緒，什麼是他人的？

深呼吸，在靜默中問自己這個問題，你會知道。

8月27日

不要去抗拒任何你會想念的人。輕鬆的想念，歡喜的想念。

要去看見的是：你的想念是否懷抱任何企圖或期待，而那是什麼呢？你期望得到對方的回應嗎？你期盼看見對方以你希望的行動表達嗎？

事實上，令你們痛苦的不是想念，而是期待。

你們可以盡情盡興的想念，去感受其中的愛、慾望、渴盼與各種人性情緒，去享受你們情緒花園裡的千滋百味，但同時也練習放下期待。如此，想念會是美麗與沒有壓力的，而只是如詩歌般的存在，為你們的生命增添曼妙樂章。

8月28日

情緒來來去去，無須隨之起舞。

看見自己的情緒，知曉情緒來了，情緒走了，情緒如波浪般潮起潮落。

你可以欣賞自己的情緒波浪嗎？你可以站遠一點，去看見自己正處於什麼狀態嗎？你可以對自己當下的焦慮或者混亂，抱持幽默感與同理心嗎？

幽默會生出智慧，智慧不會在緊張與焦慮中生出。同理心則會讓你看見對自己的慈悲，甚至能由此延伸出對他人的慈悲。而這一切，無不是關於愛的練習。

8月29日

在情緒波浪之中，不做行動、不做決定，而是有慈悲心與有幽默感的等待。

這個等待不是無所事事，而是安安靜靜的看著自己，直到你看見自己內在的穩定。

8月30日

你內在有個深廣的海洋，沒有邊際。請勇於探索未知，勇於展開自己，勇於放下限制性的信念。而當你打開了無限可能，世界對你展開的，也是如此的寬廣無垠。

隨時隨地都是打開無限可能的機會，那些機會就在你的生活裡。誰激怒了你？誰讓你有情緒？誰讓你對某事起反應？這些都是清理的偉大機會。

請向內探索，解開束縛，並利用這些機會去活出更大的自由。

在任何人事物裡，都是你活出自己渴望模樣的機會，因為生命就是你最偉大的作品。而要如何打造這個作品？是畏縮的還是擴張的？是色彩斑斕的抑是枯槁黯淡的？一切取決於你的起心動念與行動。

請透過生活中的每一件事，在每一個行動中都活出你的偉大。

8月31日

把能量用於真正能為自己帶來提升的人事物上，糾結於那些當下無法改變的事物上，是沒有意義的。

試圖改變他人是耗能的，因為那些改變總是涉及對方的自由與意願。而個人的自由意志是你們在生命旅程中非常寶貴的部分，請忠誠於自己的自由意志，也尊重他人的。

愛的練習之八

給出原諒

生命中有哪些人事物是你不能原諒或無法釋懷的嗎?這個月，邀請你去釋放它們。

選擇一個安靜的空間，允許自己有完全不受打擾的三十分鐘，以最舒服的姿態坐下來。將你的心平靜下來，並將意念集中於心輪，感受來自大地母親滿滿的愛，從地球中心通過你的腳底來到你的心之所在，然後持續往上通過你的頭頂，在你的頭頂形成一個美麗的光球。你將自己投射於這個明亮的光球之中，以最舒適與安全的狀態向上攀升。

這個光球會通過你所處的建築物，往上升來到天空。然後持續往上來到浩瀚的宇宙，穿越一層層的黑光與白光，來到一個深金黃色的空間；不要停下來請繼續往上升，你會來到彩虹果凍般的世界。然後持續往上，直到你來到一個完全由純粹白光所形成的空間。感受璀璨的白光滲透到你身上的每一處、每一個細胞，你被白光滿滿的包圍，那是純粹愛的能量。在這裡你很安全，並感受到全然的放鬆。

此時，在心中召喚你不能原諒的人事物，想像他們已經來到面前。在純粹的白光之中，你受到完全的保護。對他們如實說出你不能原諒他們的那些所作所為，你的懊惱、憤怒、怨恨，或者任何情緒。當你全然表達之後，對他們說：「我原諒你。」即使你覺得仍有很多不原諒或不甘心，但此時的重點是表達你願意原諒的意念。

當你說完你願意原諒他們之後，觀察對方的反應。對方是表示懺悔、遺憾、抱歉，或者面無表情，甚至不以為然呢？無論對方的反應是什麼，都沒有關係，重點是你。

重點是你在這個練習中，已經給自己一個偉大的機會去釋放沉重的痛苦與糾結，並允許自己有活出更大自由的機會。

對於同一個事件或同一個人的原諒練習可能需要進行數次，觀察每一次練習後自己的不同，是否覺得更放鬆、更輕盈、更釋然？這個月請至少進行四次原諒練習。有一天，你終會明白，原諒不是為了他者，而是為了自己。為了對自己的愛，因為你值得一個不再負荷怨恨重擔的人生。

愛你們，獻上祝福。

來自宇宙神聖智慧的每日訊息——9月

9月1日

仇恨是相當黏膩與沉重的能量，它拖垮生命前進的步伐，讓你將注意力放在過去的事件與情緒之中。

仇恨如同沼澤般困住你，阻礙你揭開面紗去看見愛與真理的機會。

然而即使如此，仇恨的起因，也可能是基於愛的原因。是因為失去珍愛的悲憤？是想要捍衛什麼的柔軟？或者因為恐懼而升起的防衛。

即使看似如此沉重黏膩的仇恨，它的起點也可能是愛的，也可能是基於一個想要保護、支撐，與讓你能夠繼續運作下去的理由。

現在，邀請你去看見：當下的你，是否仍然需要仇恨作為支撐自己的力量？仇恨是否對你的生活產生幫助？如果不是，是時候去釋放怨恨的沉重，讓自己的內在得以輕盈，騰出更多空間以迎接能夠滋養生命的愛與喜悅。

9月2日

當今人類的問題乃是根植於仇恨與貪婪，而仇恨與貪婪的背後是恐懼。因為恐懼，所以需要抓取、掠奪，與不顧他人死活而只看見自己的利益。因為恐懼，所以必需消除異己，排除他者，自以為義。

事實上，神不會叫你們自相殘殺來獲取正義；因為正義不是在暴力與非愛中獲得的。正義是平靜地看見，同理的了解，與慈悲的給予撫慰。

9月3日

無論面對任何事件，最終極的提醒就是提升自身的頻率。

事件可能層出不窮，但你的高頻率足以應對一切。覺醒之人無須關注事件，因為事件來來去去，如浮雲般飄來飄去，它來了，它走了。而古老的業力可能試圖讓你的生命電影充滿戲劇張力，但你可以透過平靜的自持，出奇制勝，扭轉乾坤。

對於覺醒或走在覺醒道途中的你，無須關注事件。

事實上，當你關注事件情節，便投以事件能量，讓其化幻為真。關注自身的能量狀況，關注起心動念，關注你是否帶著覺知在你的每一個呼吸、每一個感受。當你將能量向內，外在發生的一切將與你無涉。你仍然可以投入、參與並享受。但同時你也知道那一切情緒的波浪，將無染於你內在的平靜與喜樂。

9月4日

愛自己的各種面貌，如此，你亦能以同樣的寬闊去愛他人的各種面向。而那個愛，將會是無條件的芬芳。

愛自己的光，也擁抱內在的暗。愛自己的強，也接納可能的弱。

愛自己的各種面向，就是擴大自己愛人的幅度與深度。

9月5日

一切都平安，那是因為你內在的平安。

在你所及之處送上祝福，在你所及之處分享愛。在你伸手之處拉需要的人一把，以你內在的智慧去行動。

高度自覺你是造物主的光，你是神性的火花，如此你要行動的會是什麼呢？是愛與慈悲。

修練愛與慈悲並精通此道，將使你無往不利。愛與慈悲是你們的魔法，而且是最強大的魔法。

9月6日

無論他人是否知曉，在你所在之處送出愛與平靜，在你所即之處成為安定的力量，在你所處之地吹撫安慰人心的春風。

無論他人是否知曉，你都這樣做，那就是貢獻。

9月7日

取悅他人不是問題。重點是，取悅他人之前，你取悅自己了嗎？

對於行動的反省，來自於看見行動背後的能量。你是因為討好、恐懼，或者企圖交換和得到什麼而取悅？或者，你是因為自身的飽滿而能夠大方地給予？

當你取悅他人的動能是愛和喜悅，那麼，取悅是兩全其美的善。

9月8日

當你調頻於「好」的狀況，你周遭的一切都會是「好」的。

覺醒者不關注事件，而只是通過事件。因為所有事件，都不影響你們能以更高的覺知去經歷與體驗。而當你自覺自身是神在世上所顯現的恩典，你將在任何情境中，都嘗試活出最大的愛與慈悲。

你會經驗你想創造的，請有意識用你的覺知來創造你的經驗。

當你活出愛，並自覺自身就是愛的能量，你所流經的任何地方、你所遇見的任何人事物，怎麼會不是愛的呢？

9月9日

當你以慈悲面對，在那些不愛的地方，你會看見愛的機會。在那些憤怒的所在，你會看見囁嚅的軟弱。在那些自私自利的表面之下，你會看見匱乏與恐懼。

而你只是看，只是明白，然後給予祝福與慈悲的觀照。

當你能以慈悲之眼去看，以慈悲之心去觀照，那些經過的不會成為業力，而是成為對彼此的祝福與學習。

沒有什麼是無法通過的，因為一切皆幻境。你如何起心動念，如何行動，如何通過的每一步才是真的。

你的創造與所做所為是真的，但那些外在的狀況不是。

將能量專注於自身，而不是隨著外境的起落與變化去反應。

任由情境轉變，你兀自活出自身的豐盛與圓滿。而事實上，正因為你自身的豐盛與圓滿，一切自然會朝著那個方向去轉變。

9月10日

與你的阿卡西紀錄攜手合作！聯手生生世世的你，集結他們所有的才華與能力，連結他們所有的能量，提取你需要的經驗與學習用在此生此世。

這個生世就是你們能夠集結所有武功大全、好好大展身手的時候。只要你呼喊，你可以下載任何生世的能量到現在的自己身上。你能夠透過造物主的光，召喚你那個生世的片段，然後下載那個生世的能量到現在的自己身上，為你當下所用。去提取這樣的智慧，去呼喚生生世世的你，來幫助現在的你，去成就當下想要完成的夢想。

當你們做更多的清理工作，你的中柱將更加平衡，你會有能力去進行這樣的召喚與下載，成為一個十八般武藝皆能精通的自己。那是將自身生生世世的能量做一個完美的結合。

9月11日

想要什麼樣的身體曲線？那就練習。但在練習中帶著愛，而不是批判。在鍛鍊中愛你的身體，而不是覺得它們「不夠好」，所以要變成「好」的。你身體的一切本來就是好的。一旦你知覺，並真正感覺對身體的愛，你自然會以最適合你的方式鍛鍊它。

並不是每個人都要變成芭比娃娃或巨石強森，而是要找到最適合自己身體的方式。重點是以愛出發，而不是以苛責或批判。

愛你的身體，然後感知身體的訊息，遵循這個訊息去鍛鍊與調整。

9月12日

如果你需要透過犧牲來證明自己的愛，那說明了你內在的無價值感。

愛不需要證明，更不需要你的犧牲。

當你活出愛的本質：平靜、喜悅、寬闊，並且能夠自在地接收和給予，你自身的存在，就是愛的證明。

9月13日

你會因為胸部不再豐滿而不愛它們嗎?你會因為肌膚不再富有彈性而不愛它們嗎?你會因為腹部的脂肪而不再欣賞自己嗎?你會因為冒出的白髮而不接受自己的變化嗎?

愛它們,無論你的身體是什麼樣子,如此你便能以無條件的愛去愛所有自己。

當你愛人與愛己都是無條件的、接納變化的,那麼所有的一切自然會以它們該有的方式,長成各自獨一無二的美麗。

9月14日

禮敬與接納你的性慾。性慾是非常寶貴的能量,它們是生命之源,是宇宙動能,是滋養萬物的力量。

為什麼要排斥與不去看見你的性慾呢?它們是美妙的。

對於性能量,歡喜的接納與看見是重要的。愈是壓抑,那壓抑的能量就會以各種不可控的方式操控你們。

當你能如其所是的看，靜靜的感受這個能量，你會找到能夠釋放與表達它們最好的方式。可能是一場美妙的性愛、一場淋漓盡致的舞蹈、創作一幅畫、寫一首詩、做開心的對話，或者烹煮美味的料理。

性能量有各式各樣的表達，只要你帶著覺知，你便能夠運用這股能量進行各種美妙的創造。

對於性對象要有所覺知，而有覺知的選擇就是智慧。因為性愛是能量的交換，你想和誰交換能量呢？你想讓誰的能量留在你身上呢？請有意識的選擇。

9月15日

愛自己。

當你愛自己，尊重自己，你自然不再將抱怨與憤恨的能量帶進生活裡。因為愛自己就是對自身的生命負起全然的責任，而不是將能量放在外面，任由外在的世界影響內在的平靜。或者反過來，透過責怪這個世界以逃避面對內在的真實。

愛自己就能夠提升頻率。而當你的頻率提升了，就在為健康與豐盛之流開啟康莊大道。

9月16日

愛自己就是豐盛之道。

對自己的不愛，背後隱藏的是什麼樣的信念呢？

是匱乏、罪惡感、我不配、不值得、犧牲、悲苦，還是自我懲罰？

愛自己，不僅是透過物質或五官享受。愛自己的信念是一份邀請，邀請你走進內心去探索自身內在的花園，釋放限制性的信念，因為它們不再能夠幫助你以更輕盈的方式前進。

透過愛的擴展，直面內在黑暗，直到你看見自身的花園，原來就是一片光明。

9月17日

金錢是人際流動的能量，是你能夠給出與接受的能量。

金錢與其他能量一樣都值得被關注與了解。財富自由意味著你能以自在的態度，喜悅的讓金錢流動，並透過這個流動，滋養生命，豐富人生。

9月18日

每天精進，但也允許好好休息，允許僅是專注處於當下，感受生命給予你的恩典與純粹存在的喜樂。

那個喜樂不是因為你做了什麼，而只是因為你的存在。

精進的同時，也允許自己有什麼都不做的時候，允許自己的空白，只是感受存在的本身，就是神聖與偉大的。

事實上療癒的旅程，不是為了讓你看見你哪裡有「問題」。療癒是一個釋放自己與活出更大自由的機會。

在這個釋放的過程中，去體現自己的無窮潛能，與看見自己內在是一幅波瀾壯闊的風景。你比你們以為的更壯大、更有力量。

9月19日

對豐盛的布施，將使你更豐盛。你給出什麼，你將收穫什麼，這乃是能量的平衡，並且加倍奉還！

善用倍數法則，並結合豐盛法則，在你感受人生豐盛時有意識的這樣做，將協助你的豐盛如滾雪球般愈來愈大。

以金錢為例，當你收穫一筆金錢，你就觀想它們放大數倍流進你的戶頭。當你付出一筆金錢，你就觀想這筆金錢放大數倍回到你的戶頭。觀想任何你喜悅的並放大數倍，然後再流入自己、流入他人。

去成為「放大豐盛」的引擎，然後慷慨地與這個世界分享，這就是讓財富增益的祕訣。

9月20日

慈悲是基於真實的看見，並以智慧指引而行動。

慈悲不是透過犧牲奉獻或者受苦受難去成全，因為慈悲的首要，乃是對自己的慈悲。

對他人的慈悲是你看見他人的真相，能夠不批判、不撻伐，即使那真相不符合你的期待或偏好，而仍然能夠給出愛。

9月21日

如果真正愛自己，你會榮耀自己的生命，過一個讓自己引以為榮的生活。

而榮耀自己的頻率，會幫助你吸引能夠真正尊重你與珍惜你的伴侶。

9月22日

慈悲是一種清明與智慧的看見，並以同理心去面對人事物的溫柔。

9月23日

想成為美的，首先你要看見並體認美的無所不在。美不是你們以為特定的樣子，美是宇宙的愛無所不在的顯現。

美是晨曦的露珠、是陽光灑落枝葉的倒影、是黃昏打盹的小貓，而你輕撫牠們背脊的溫暖。

美是愛人的眼神，你透過他們看見了整個宇宙。

美也是你愛自己，而擁抱自身的不完美。

美的前提是你有一雙欣賞的眼睛，那個欣賞也包括無條件地接納自己的美，去看見自己的奇怪，而仍然覺得他們又怪又美嗎？或者看見自己的缺陷，卻仍然了解其中美的禮物？

當你能以這樣寬闊的角度去擁抱與欣賞自己的美，你亦能以這樣的寬闊自在去欣賞他人的美。

不是美不存在，而是你看不到。打開你欣賞美的眼睛，打開你看見美的心靈，讓美的能量滲透你，成為你的一部分。

9月24日

愛自己的全部，乃是對自己的慈悲。

如此你的內在將沒有分裂，而是能夠以一個統合的能量，全然活出你渴望的人生。

9月25日

享受空白，享受什麼也不做，而不要急著要做什麼。

為什麼要這麼著急呢？盲動是虛耗能量。做什麼之前請先確認你內在的聲音是篤定的，你內在的狀況是和諧的，順應著這份和諧去行動。

那麼，無論你所要行動的是什麼，都會是和諧的能量之舞。

9月26日

慈悲是看見他人的真實而不批判。你無須認同，而是能夠穿越表面給出同理心的理解，因為慈悲是一種不帶批判的理解。

而給出慈悲的人，因為不陷溺於各種批評、憤怒、怨恨、敵對，與厭惡的情緒泥沼，所以內心不會受苦。

在這個定義上，慈悲不僅是對他人的慈悲，也是對自己的慈悲。

9月27日

原諒是讓自己自由，那乃是你們給予自己的禮物和選擇，而這個選擇是基於智慧和對自己的愛。

別人是否原諒是他人的選擇。當你們對於過錯誠心懺悔與改過，對方是否選擇原諒，關乎他們想要體驗什麼樣的旅程。

9月28日

無論你們看到與否，你們都在以各自的形式成為他人生命中的角色。不要忽視這個角色會產生的影響。那意味著對自身的起心動念與表達都能有所覺知，而良善的出發點，將避免許多你們以為的遺憾。

而在任何的角色扮演之中，最重要的是看見你自己是誰，並勇於活出你真實的顏色。

在豐潤自身的狀態下給予，由你身上流洩的豐盛會讓人溫暖。在關愛自身的前提下付出，你給出的才會是慈悲的力量，無論你付出的是什麼。
好好活出自己，那麼你對於其他角色的扮演自然能夠舉重若輕，並看清楚有些角色其實並不是你需要扮演的，你和他人永遠都有更高更好的選擇。

9月29日

病毒並不知道自己是惡的，因為在自然界並沒有善惡，那一切只是能量的相互共振與吸引。
對於病毒而言，它們也有自身要完成的使命與工作。而什麼與病毒共振？恐懼與貪婪。恐懼的能量吸引了病毒，貪婪的能量讓你們即使生出了疫苗，病毒仍然因應情勢不斷變種進化。人心的恐懼與貪婪，提供了病毒得以存在的溫床與沃土。如何有效防堵？除非你們調整內在的能量場。不是盲目恐懼，而是看見恐懼，並且清理恐懼。明白你們的恐懼是什麼？人類對於威脅自己，並讓自己受苦的現象一直感到恐懼，那是可以理解的生存本能。而病毒只是透過挑戰你們生存權的方式，提醒你們看見自己對於生存、對於生命本質、對於各種慾望的恐懼，是如何在操弄你們的人生。

貪婪是一種不知感恩的能量，是一種非愛的波流，若過度發展，將變成一種掠取他人以滿足自我的自私自利。適當的貪婪或許造就你們社會的進步，但過度擴張的貪婪能量，將使你們困於輪迴，無法超脫這些周而復始的故事情節。

關於貪婪的提醒，並不是要你們走極端的去過一個清貧的生活。你們有可能豐盛但不貪婪嗎？當然。

事實上，豐盛是內在能量的飽滿與慷慨，那不是貪婪的。豐盛也是感恩一切宇宙之流所帶來的恩典，而不必貪取執著於那些無明的慾望。

9月30日

放輕鬆，不著急，不趕路，而是氣定神閒，而是踏實地跨出你現在的每一步。去看看沿途風景，去欣賞一路走來的山明水秀，去體會旅程之中的所有遇見，都帶你來到此時此刻。

而每一個選擇都是改變，每一個選擇都是重新調頻的機會。請尊重與珍惜你的選擇，透過每一個選擇去創造你所渴望成為的自己。

選擇不分大小。從你的日常吃喝什麼、決定和誰在一起、做什麼運動；到生命軌道中的各個分水嶺，無論是結婚、生兒育女，或者開始走上屬於自己的神聖時機。對每一個選擇都負責的意思是：有意識並且愛你的選擇。

愛的練習之九

感恩日記

這個月邀請你進行感恩日記的練習。這個練習很簡單，就是在一天結束之前，允許自己有安靜與不受打擾的時空，寫下至少兩個你今天感恩的人事物。

其中一個是令你今天感受最開心、最喜悅，任何你覺得最「好」的。另一個則是讓你感受到最糟糕、最憤怒、最困擾、最不舒服，任何你覺得「不好」的。

感恩帶給你正面感受的，那會加強你吸引這些你喜愛的人事物，更頻繁的來到你的生命裡。因為宇宙總是給予你真心呼求的，而感恩是最大的呼求魔法之一。

此外，也感恩那些帶給你負面感受的，那將幫助你轉化你與這些人事物的能量品質，從衝突傾斜到更加平衡。因為感恩是愛的能量，而愛能調整所有走鐘的頻率。

這個月的每一天都這樣做，一個月後，看看自己是否活得更擴張與更喜樂。感恩所帶來的奇蹟，是讓你的生命開始發光的奇蹟，而你就是那個奇蹟的創造者。

愛你們，獻上祝福。

來自宇宙神聖智慧的每日訊息——10月

10月1日

不要在匆忙之中做選擇，而是在安靜之中選擇。以食物為例，你可以問問你的身心，你對這個食物的感受如何？是你的情緒想吃？還是你的身心都一致同意，要讓這份食物的能量進入你？以關係為例，你是因為寂寞或無法面對自己的孤獨，而進入一段關係嗎？是你的恐懼試圖索求這份關係；還是你的選擇是基於愛的滋養？當你有意識的選擇，你就在改變自己的生命。

10月2日

真正的慈悲裡沒有犧牲，因為慈悲不僅是對他人的，也包括對自己。真正的愛裡也無須犧牲，無須委曲求全，無須讓渡自己的真實。犧牲者易產生「透過犧牲來獲得回報」的期待。無論是期待透過犧牲得到愛、博取認同，或渴望被理解。而在犧牲的行動背後，時常隱藏著一種不自覺的「我不值得」、「我不夠好」，或「我不被允許」的匱乏感。

當你真正的尊重與珍惜自己，你會知道不需要透過犧牲來成全的智慧與方法。

10月3日

愛自己，你們才能真正愛神。對萬事萬物的愛，都要從對自己的愛開始，因為你們就是神在世上的顯現。

犧牲、鞭笞、撻伐、批判，或者對自己的不珍惜，都不能讓你見神。事實上，神沒有要你受苦，神要你們喜悅歡唱，時時刻刻都洋溢於愛之波流。

愛自己就是禮敬神。擁抱自己就是擁抱神。善待自己就是恭奉神。而敬重自己，就是對神的深深頂禮。

10月4日

順流而行不是隨波逐流，不是人云亦云，因為人云亦云是懷疑的能量。

順流而行的基礎是信任。

信任是當你處於高頻率，穩定自身的中心並知道自己是誰，遂能夠放手的輕鬆自在。

不讓腦子喋喋不休的懷疑和恐懼操控，而是瞥見宇宙中自有一股勢能，集結了你所需要的天時地利人和，讓你能在其中乘風破浪。

順流而行看起來無為，但並不是什麼都不做。而到底做什麼呢？請看好你自己！看好你是否立於內在的中心，確保能量的穩定與內心的平靜。確保你是以愛的頻率活出自己的閃耀，確保你是帶著感恩在你所及之處。而那股波流，將為你的生命創造更多豐盛之流。

10月5日

當你處於焦慮、憤怒、恐懼或者悲傷的狀態，想想你的「流」會是什麼？那是充滿各種膠著感受的情緒之流！而困著於此，如何活出輕盈的人生？

要活出順流而行，首先要自覺處於何種波流，而那股波流的中心點即是你的能量場，你的狀態。

當你是喜悅、自在、對生命充滿感恩，你為自己創造的就是豐盛喜樂的波流。當你順著這股波流而行，你無須對未來的行動指手畫腳，而是能看見內在清晰的指引。

你的成功不是汲汲營營，不是透過犧牲與交換，不是忙於操控而無法享受當下。有意識地創造你想要的波流，然後在其間悠遊，活出你真心渴望的人生。

10月6日

好好生活，大放屬於自己的異彩，你就是生命贏家。竹子無須和松樹比較，活出自己，就是成功。而活出自身的壯闊，就是對於自己最好的保護。對於任何他人的惡意，智慧的解決之道，就是不再製造任何彼此的能量糾纏。請有意識地將能量，用於活出自身最大的豐盛。

10月7日

他人必須要符合你的期待才叫愛你嗎？或者，你能看見他人是否愛你，與他們是否能實現你的心願，是兩件事。

事實上，當你愈寬鬆，並且活在愛與喜悅的波流，你愛的人愈能讓你滿意。因為你不再強求或者期待他們必須做什麼。你的自在而不是緊迫盯人，自然會帶動他們的愛朝向你！

這是愛的祕密：讓自己成為磁鐵，吸引一切你渴望的豐盛。

10月8日

善良若沒有自尊，將使自己活得低下。
愛自己的善良是懂得保護自己，為自己發聲，並勇於支持自己。
愛自己的善良，不需要透過犧牲去證明什麼。

10月9日

保持內在的平靜，如此你才能把平靜的品質帶給他人。保持內在的和諧，如此你才能把這樣的和諧與人分享。穩穩立足於自身的中心，才能以最正確的方式，回應周遭的世界。所謂「正確」的意思是：不跟隨情緒盲目起舞，對外在給予回應而非反應。回應與反應的差別是：回應是有意識的選擇，反應則是受控於習氣與記憶。

10月10日

寬恕是對自己的慈悲，寬恕是愛自己。當你給出寬恕，你才能不被憤恨的能量所束縛，不被痛苦的創傷所限制。而這些束縛與創痛，將使你無法自由。體會自由，是你能給自己最寶貴的禮物之一。

10月11日

慈悲包括對自己的慈悲，與不犧牲自己內在的真理。

慈悲不是犧牲。慈悲若沒有智慧，將造成悲苦與受害者的感覺，而那不是愛的，那是虛假的慈悲。因為慈悲不受苦。

愛自己才能真正慈悲。愛自己是對自己的敬重，從這一份敬重出發，你才能真正去愛萬事萬物。

10月12日

幽默讓你不執著於人世的戲劇，而能以一種超脫而且輕鬆有趣的方式看待人間的劇情。幽默是超脫者的睿智。

如何讓自己具備幽默感呢？

生氣的時候，想想如果你有一位叫做智慧的朋友，他會怎麼理解？如果有一位叫幽默的朋友，他會如何面對這個狀況？讓他們提供你不同的角度與洞見，讓你能以更輕鬆的方式一笑置之，甚至化阻力為助力。

10月13日

真實，是你散發做自己的力量，沒有強迫，沒有套路。

當你自然而然地做自己，並且為此感到自在，這份自在，自然會讓他人接受你真實的樣貌。

真實，是你行走在自己的人生道路上並散發獨特的光芒，輕盈地昂首闊步，而沒有緊張。

不需與誰爭辯，也無須向誰證明，只是喜悅地走在「我是」的道路。因為你知道你是誰，你在行動什麼。

真實，是因為你能夠與內在完全的連結，並表達這份連結；這份力量將使你成功、豐盛，並且充滿自信。而這份自信不是因為符合世界的標準，而是因為你知道自己。

10月14日

問：如何吸引我們渴望的關係？

這法門沒有別的，就是認出真實的自己，並透過實踐去活出這份真實。

真實的你就是閃耀不虛的力量，而這份力量將吸引能真正與之呼應的對象。

10月15日

你無須擔心人際關係裡的背叛與不忠，如果你已經完全對自己誠實。並且因為敬重這份誠實，而能時時刻刻活出這份品質。

10月16日

當你能歡喜接受他人的善意與支持，你也在讓他人有成長與學習的機會；因為你正在給予他人空間，去表達自己最高最好的一面。而因為能喜悅接受他人的表達，你的付出也將是慷慨與充滿愛的。

10月17日

無論你當下的人生劇本如何，你都能透過「愛自己」來改變。

當你真的愛自己，你會珍惜與敬重自己。因為這份珍惜與敬重，而努力活出自己也能夠尊重，並為之驕傲的人生版本。

你若真的愛自己，你會願意釋放怨恨和給出原諒，允許自身活出更多的自由與輕盈。

你若真的愛自己，你會願意選擇善良，而不是暴力。

你若真的愛自己，你會願意活出真實而不是虛假，因為虛假是相當耗能與衝突的能量。

10月18日

如同月亮，你是否能擁抱自身的陰晴圓缺，享受自己每天的變化？當你順身體之流，你與自己的關係將更緊密。你不可能隨時都處於高峰狀態或者活力充滿，在低盪的時候不勉強，而是好好呵護自己。

10月19日

當你是平衡的，你所做的每一個決定與行動都會是正確的。而平衡來自內在的平靜。

10月20日

慈悲裡沒有犧牲。因為慈悲不是苦澀的，而犧牲是苦澀的。仔細看看，那些犧牲背後的信念與感受是什麼？是試圖操控、報復、將自身的期待投射到他人身上，還是覺得自己不值得、不足夠、沒有選擇？

這些感受通常幽微到你的表意識無法察覺，但卻透過讓渡對自身的愛來顯示。如果你的慈悲裡有一絲絲苦澀，即使只有一點點，也在提醒你去省思自身的起心動念。

10月21日

當你專注傾聽，你就在給予愛。

傾聽不僅用耳朵，也用心、用身體。

心能聽出言外之意，身體能讀懂弦外之音；而傾聽不僅是聽到言語說的，也聽到言語未說的。

事實上，當你溝通時，你們的細胞也在溝通，那是在量子層面的能量與信息交換。

10月22日

真理不是宗教或書本給你們的，真理是你內在的真實。現在，是向內看見自己真理的時候，而不是照單全收世界要給你的範本與權威。

成功不是他人定義的成功，成功是你內在想要活出的豐盛。

圓滿不是他人規範的圓滿，圓滿是你自己想要體驗的完整。

虔誠不是儀軌誦經或禱告，而是你全然活出自己的生命與遵循內在的熱情。事實上，當你時刻活出愛與喜悅，你就無時無刻都在對天地禱告。

10月23日

當你想要快速脫離某個情境，最好的方式就是祝福這個狀況。祝福與感恩的能量，會讓你以最高最好的方式通過任何情境，而不埋下任何還需要再度經歷的種子。

選擇你面對的態度，覺知這個態度，將使你有智慧回應狀況，而不是反應狀況。面對任何不想再續前緣的關係，最好的方式是讓自己大步向前。走得愈輕盈、愈快樂、愈喜悅愈好，那是讓彼此的能量不再共振最有效率的方法。投注任何負面情緒都是累積能量濃稠度，而那將使彼此的能量場繼續呈現糾纏狀態。

10月24日

因為犧牲而得到，這個獲得之中仍然會有匱乏感。犧牲無法得到愛，就算你以為得到，也會覺得是應該的。這種心態是小我的權力遊戲，是試圖透過操縱來遂行己願；而一旦情勢無法如你所願，悲苦的情緒將隨之而來。

不要透過犧牲而愛，請透過喜悅而愛。

10月25日

淨空自己，你才能擁有更寬闊的空間接收指引。指引是無所不在的，當你以敞開的姿態去接納，宇宙自然會以巧妙的方式給予。

如果你不相信自己能夠被療癒，那麼「不能」就會成為你的實相。如果你覺得無法得到協助，那麼孤立無援就會顯化而為你的事實，因為這正是如你所求。即使有資源流向你，你也會下意識地將其推開。

先去相信，然後敞開心扉聆聽，你會看見自己從不孤單。

10月26日

守護自己的能量場，就是守護健康。這包括好好睡覺，好好吃飯，以及提振你的頻率。

低頻率的振動讓人容易生病與感覺虛弱；而透過接近大自然，能夠提升自己的頻率。讓大自然調整你的能量場，無論是雙腳踏土地或者吸收芬多精，都是很好的方式。

而水的力量，亦能幫助你淨化能量場。好好洗滌沐浴，視此不僅能清潔你的身體，也在淨化你的情緒與能量。

此外，注意你的言語。你說的話代表你是誰，並表彰你的力量。

說話是能量的表達，八卦嚼舌或議人是非是低頻的能量，因為那背後的情緒往往充斥著恐懼、憤怒，或忌妒。

請注意你的言語是傳達了愛與喜悅，或者你正在透過傳達憤怒與恐懼，來加強這些能量回到自己身上？

10月27日

幸福的祕訣不在他處尋找，而是在當下的生活裡發現和體會，並有意識地放大對幸福的感受。

如何放大？就是專注地讓自己全然沉浸於其中，即使只是剎那。幸福的祕密是當你愈能感覺，你愈幸福。

在感覺受苦的時候，祈請更高智慧的指引，讓你能看見幸福的機會與觀點。痛苦的情境，並不必然等同於受苦的感覺。

你是否能在他人視之為的痛苦裡而不受苦，甚至感覺幸福呢？這是絕對可能的恩典。

10月28日

做最真實的自己，以真我示人，無論何時何地。

活出真我是最不耗能的，因為真我就是接通天線，與你內在的神我連結，而能全然展現的真實。

而當你的內在沒有相互衝突的能量，你內在的力量即能被全面啓動。如此，你怎麼能不活出生命中最大的豐盛？

10月29日

當你瞭知自己，你為什麼還需要汲汲於向世界證明？

當你真正看見自己是誰，你不再有向他人證明自己的需要。無論是證明自己的價值、存在的意義，或者證明自己是值得被愛、被尊重的。

當你真正看見自己，這些需要證明「我」的企圖都將消失。你不再需要外界的認可或者同意來定義自身的生命，你從他人的眼光中解脫，你自由了。

10月30日

覺醒不是終點，覺醒是一個你不斷持續進化的過程。

透過這個過程去看見你是誰、創造你是誰，並活出你最大的愛與自由。

10月31日

問：如何保護與提升自己的能量場？

●不八卦，不議人是非。當你這樣做的時候，看看是愛在說話，還是恐懼在說話？

●有意識地吃飯，留意你攝取的食物，祝福一切進入口中的食物，能以最高最好的方式滋養你。如果你願意，將這份滋養的豐盛，給予任何你想祝福的人事物。

- 善用水的力量。多喝水，喝好水，有意識地沐浴洗滌。
- 深沉睡眠。睡眠期間是肉身與靈魂的整合時期。身心靈的和諧運作有賴於睡眠品質的穩定。珍惜自己的能量場，你不會讓 3C 產品在睡眠的空間影響你。
- 留意你和誰成為朋友，你讓誰進入你的人際圈，而他們在你生活中扮演什麼角色？你願意和誰分享你的能量？如果你愛自己，你會選擇哪些能夠珍惜與敬重你的人，與他們分享你的能量。
- 覺察情緒感受。你的情緒與感受都很寶貴，它們是你能夠更認識自己的指引。循著這些情緒線索去清理內在的花園，打掃卡住的能量與清理不能再裨益你的信念。當你內在的花園豐盛美麗，你外在的世界自然會隨之綻放。
- 對生活溫柔，首先你必須先對自己溫柔。溫柔意味著你看世界的角度不是批判，而是理解。不是僵化的自己為是，而是願意去探索的好奇。不是封閉，而是願意連結與開放的流動。

● 好好呼吸。深沉的呼吸能穩定你的身心靈。呼吸可一窺覺醒之道。

● 運動，舞蹈，歡天喜地，不為什麼而喜悅。

● 保持你所在空間的整潔。你外在的空間是你內在空間的延伸，當你常常找不到東西，你是否也常搞不清楚自己內在的想法？當你覺得情緒鬱悶、思緒混亂，你的空間是否也很雜亂或者累積灰塵毛屑？當你的身體小毛病不斷，檢查你的廁所是否乾淨通風？內外看似不同，其實一切都是你的延伸。請重視與愛你自己，因為你很重要。你就是決定自己的人生是否幸運的那個人。

● 曬太陽，欣賞日出或夕陽。在那個當下不要分心，而是讓全身細胞完全融入美的能量。

● 愛人的擁抱。如果沒有，你是否也能好好抱抱自己？

● 善良。不是道德上的是非黑白，而是問自己這個行動或決定是否讓你心安理得，而無須為自己辯解。

● 感恩。真正的感恩是你不需要任何理由，不需要因為你得到什麼或經歷什麼。你的存在本身就值得感恩。時時刻刻處在感恩之中，你就分分秒秒處於祈禱之中。

● 親近植物。植物是地球上的賢者，接近與聽取它們的智慧，它們很願意分享。

● 愛自己，這是一切的基礎。

愛的練習之十

保護與提升你的能量場

本月的練習是落實十月三十一日的訊息指引。

這些都是如果你願意，就能夠在日常生活中親身實踐的。它們包括好好吃飯、好好睡覺、好好說話，將覺知放進你的關係，對內在情緒的覺察，親近自然，平衡身心，並且時時感恩。

以上點點滴滴的指引，看似一點都不高深，也不複雜，卻是我們能夠實踐如何愛自己的真理。

而當你能在行動中落實愛自己，這份行動不僅能提升與保護你的能量場，這份能量也會加強你之所是。

而你是什麼呢？你是豐盛，你是喜悅，你是愛。

愛你們，獻上祝福。

來自宇宙神聖智慧的每日訊息——11月

11月1日

即使宇宙為你送上了靈魂伴侶，但要如何與對方相處、如何經營關係，都是取決於你的進化。當你進化了，你的伴侶亦會自動升級！所謂靈魂伴侶並不意指完美的對象，你們的關係可能不好相處，甚至充滿了挑戰！因為靈魂伴侶本是為了彼此的成長與學習而來。他們可能是你的家人、伴侶、朋友、同事，甚至寵物！你們的相遇不僅在今生今世，亦是久別重逢，並分享了共同的學習課題。透過有意識地在關係中醒覺，你能夠完滿所有愛的旅程。

11月2日

呼求你最適合的靈魂伴侶？那麼，請先呼求更高版本的自己。你自身頻率的提升，就在吸引最適合的對象與你相遇。渴望豐盛的關係？那麼先讓自己豐盛，不對生命吝嗇，而是慷慨。

渴望浪漫的關係？那麼你是否願意鬆綁緊繃的教條，讓美的流動，能有更多機會為你的生活帶來滋養？

渴望忠誠的伴侶？那麼請先對自己忠誠。時時刻刻都活出自己的真實，並允許他人也能真實的展現。

事實上，你們無時無刻都在吸引一切與你相應的。回顧周遭一切圍繞在你身邊的，都是你吸引而來的。你滿意自己的創造嗎？如果不滿意，就去改變，從自身頻率的調整開始，活出你也渴望與之相處的品質。

11月3日

性與任何事一樣，都需要想像力方能創造不同。

性可以是神聖的遊戲，因為藉由性能量的交換與表達，愛與喜樂的波流能夠流經你們的每一個細胞，帶來的脈衝如電光火石般閃耀。

享受這個神聖的遊戲，並帶進更多的自由創意。

而當你能夠享受遊戲，你就有機會超越遊戲。透過性，去一探那更深邃的宇宙極樂，那更深刻的平靜與合一，是你們的天賦權利。

11月4日

性被視為骯髒或者不登大雅之堂？那是你們限制性的想法。

性與大自然的任何創造一樣都是美的。醜陋是你們加之於其上的貶抑、歧視，與權力鬥爭。

真正交融的性有賴於開放的心，與全然放鬆的身體，並在性行為中帶進慈悲。

性中的慈悲，是看見對方的真實並給出理解的溫柔，是接納對方與自己的一切並愛那些可能的不完美，並體驗這些不完美，其實都是完美。

11月5日

你對他人的批判，也是對自己的批判。因為那批判中隱含了你對自身的內在，也有無法接受和恐懼的部分。

當你批判他人武斷專橫，去看看你的內在，是否也有一些教條框架。

當你批判他人沒實力而只是運氣好，去省思你的某些行為，是否是為了向世界證明自己是有實力、有價值的？

當你質疑某事「怎麼可能」，是因為它們投射出你內在的恐懼，還是它們真的不能？

當你開始批判他人，可視此為對自身的提醒。這是向內探索，並讓自身活出更多愛的機會。因為當你嘗試去發現，你內在還有什麼是自己無法完全接納的部分，你就在擴張對自己的愛。

11月6日

從自身有意識的改變開始，成為你也想與之在一起的那個人。

如果你期待伴侶的支持，那麼你是否能在生活中支持他人，在他們需要時給予溫暖？

如果你渴望慷慨的伴侶，你是否能在生活中不吝嗇付出，並勇於表達愛？

如果你期待的是忠誠並能相互信任的關係，那麼你是否能不背叛自己內在的真實，過一個誠心正意的生活？

當愛的國王而不是乞丐。你的每一個改變都在創造你的實相，並走出與過去截然不同的道路。

11月7日

活出真實的自己，在你扮演任何角色之前。讓角色豐富你的人生，而不是忘了自己是誰。

任何角色的經歷都不是為了讓你深陷劇情，演到忘我，而是從角色的扮演中活出並體認自己的偉大。

每個人的偉大各有不同，如同花朵與樹木無須比較，日月星辰自帶光芒。

活出自己的偉大，這是你們經歷不同角色旅程的原因。

11月8日

擁抱自己的慾望，你的慾望並不邪惡，而是可愛。

你能看見自己的可愛嗎？

那是渴望被撫觸、被接納、被擁抱、被看見的需求。那是想要表達自己、延伸自己、擴張自己，並與他人連結的渴望。

擁抱自己的慾望，也意味看見自己的真實。無須透過壓抑或對慾望貼標籤，而是如其所是的接納。

而在如其所是的理解中，你自然能找到最適當的方法去表達與展現慾望。

慾望像是畫家的顏料，你想透過什麼樣的筆觸或技法表達？你想要創作抽象畫還是寫實作品？你想要如何表現光影？或者你想透過多元媒材來展現？請盡情發揮創意，讓慾望透過你的表達，成為能夠代表你獨一無二的藝術創作。

11月9日

透過將伴侶視為男神或女神，你能將性行為昇華。當你以禮敬與尊榮對方的心與之相對，你會知道對方不僅是滿足你慾望的客體，而是能幫助你提升，並與之一同進化的夥伴。

在性行為中，你們開放並給出自己，分享肢體的接觸也交換體液，並流動了彼此的情緒能量——無論那是恐懼脆弱，或者喜悅與愛。

性行為是敞開彼此的能量場，那是深度的分享與交融。而透過有意識的進行，你與伴侶的能量場都能同時被擴張與被滋養。

虔誠的尊敬與包容的愛，是性行為能為彼此帶來提升與滋養的關鍵。

11月10日

願你所愛，是因為純粹的無條件之愛，而不是因為業力所導引出的劇本與故事。體驗自由的愛，而不是被劇本所框限。

而如果你對於愛的體驗是自由的，那其實是呼應了你內在的自由。

11月11日

任何你所遇之人，都是引導你走向覺醒的鏡子。

他們映照了你對自己的喜怒哀樂，也映照了你的優點缺點。他們讓你看見你的可能性，並省思人我之間該如何建立健康的界線。

覺醒的機會不在遙遠的彼岸，而在你的生活，在那些你愛的你恨的，你喜歡的你討厭的所有之間。

事實上，所有人際安排都是基於更高的美善，也是為了你的提升而來。

11月12日

「討好」背後的能量是什麼？

是覺得自己不值得、不夠好，或隱藏著一種隱形的操控：操控他人如我們所期待的方式運作。

討好和有愛的給予是不同的能量，也許表面上，它們有時候看起來很像。然而前者是試圖透過交換去得到，後者則是因為慷慨的豐盛，而能夠與他人自在的分享。

11月13日

感恩是創造奇蹟的祕訣。

當你愈感恩，你就愈幸運！而當你愈能感覺幸運，你對於這份際遇的感恩，又會給予你的幸運更多力量。

感恩你當下所有。感恩一切如其所是，而不是因為當它們變成你期待的樣子才感恩。

感恩你的存在與呼吸。感恩你能創造的天賦與能力。感恩你的存在受到其他生命的支持與協助。

感恩無所不在的恩典，並練習讓自己時時看見它們。

看見與感受恩典的能力，將大大增加你對於奇蹟的領受力。練習時時感恩，感恩的力量將幫助你更能體會奇蹟，並與奇蹟同行。

11月14日

感恩你所怨恨的人，透過感恩去看見他們所要帶給你的禮物。

如此，你便能夠穿越他們所要帶給你的挑戰。

11月15日

一切平安，因為你就是平安。

你是平靜的波流，平靜由你出發流向他人。

你們常以為對他人的付出或對世界的貢獻，是去做一件什麼特別的事！但不是的，當你給出平靜，你就為這世界增添一份安定。

而你如何能給出平靜？首先，你自己必須是平靜的。

不要小看持守內在的平靜對世界的貢獻。護持自己的平靜，穩定自身的中心，就是對自己與對世界的愛。

11月16日

有時候你無法原諒，是因為潛意識不想遺忘，透過不想遺忘傷痛來記取教訓。

然而以這種方式記取教訓，你的內在必須給出大量的空間，以儲存這些讓生命無法輕盈的情緒。

怨恨將生命囚禁於過去，而釋放怨恨，就是將自身從過去的經驗中解放出來。事實上，你們可以記取教訓，不再重蹈覆轍，而無須懷抱怨恨。給出原諒不代表遺忘，而是記住了該學習的部分，然後繼續輕盈地往前走。

11月17日

追求成功沒有問題。但你為什麼要追求成功呢？以及你追求的，是哪一種成功？是世界告訴你的功成名就，是世俗定義的人倫圓滿，還是你活出自身內在的完整，並在每一刻都感受喜悅？

追求對你有意義的成功，關鍵在於清楚看見自己的驅動力，是出於恐懼的拼命追逐？是出於自己不配不足的匱乏感？還是為了證明自己值得被愛被尊重？

有意識的追求成功，讓你能夠真正享受這趟旅程。

祈願你的成功是因為愛，因為豐盛，因為活出自己，因為分享，因為內在的喜悅。

11月18日

當你感覺遠離內在的中心、情緒浮躁煩憂莫名之時，請親近大自然，領受大地母親的恩典。

無論是腳踏土地、走進森林懷抱，或者在海邊感受浪花的溫柔親吻，大自然的擁抱將平衡你的能量場，讓你煥然一新。

走進大自然，是最簡單的能量工作之一。

11月19日

身體隱藏了許多未被釋放的情緒。曾經受過的傷、累積的委屈、流下的眼淚、壓抑的憤怒，身體都知道。

透過運動以及有覺知的釋放壓力，將幫助你甩掉黏膩情緒的沉重感，讓身心輕盈。

選擇自己喜歡的運動或者走進大自然，都是療癒身體的簡單法門。

試著與你的身體對話，聽聽你的心說了什麼？聽聽你的腳有什麼想表達？問你的眼睛感覺如何？

當你在靜默中，你會知道身體有許多的資訊想與你分享。

11月20日

奇蹟不一定是無中生有、撥亂反正。別以你頭腦的想法限制了奇蹟的發生。

奇蹟並不一定是發生一件什麼事，奇蹟是你的心態與眼光足以打破幻象，看見人事物中的閃閃發亮。

當你有了奇蹟的眼光，你會看見恩典的無所不在。恩典並不總是以你認為或期待的方式流向你，因為恩典不是你的奴隸！

奇蹟的通關密語是感恩加上信任，愈是感恩與信任，你愈能夠看見奇蹟。

11月21日

奇蹟是你在無常世界裡的平安。
奇蹟是你所愛之人，剛好也愛著你。
奇蹟是在孩童天真的眼眸裡，你看見自己的光。
奇蹟是你活著，並能給出美妙的貢獻。
奇蹟是你與他人的相遇，其實都是久別重逢。
奇蹟是你們的善念，共同提升了世界的頻率。
奇蹟是沒有誰自外於誰而不重要，因為你們所有都構成了整體奇蹟的一部分。

11月22日

無論發生什麼，都在當下擁抱那個片刻，享受獨一無二的片刻所要帶給你的體驗。

關於臣服，不是僅臣服於生命中的某些事，臣服的練習是應用於生命中的每一刻。
臣服你當下的傾盆大雨，欣賞雨天的美。
臣服於艷陽高照，以悅納的態度承接烈日。
不要抵抗你的生活，無論環境如何變化，它們都是能夠滋養你的泉源。
臣服不是軟爛，不是消極，而是不費力氣去抵抗那些你無法抵抗的。事實上正是你的抗拒，造成你的痛苦。

11月23日

忠孝兩難全？或者愛情與麵包不可兼得？以上都是限制性的信念。為什麼魚與熊掌必須選擇？為什麼選擇A就要失去B？
事實上，豐盛裡沒有犧牲，沒有「非得如此」的選擇。
當你有以上信念，請去省思這是誰的信念？是集體意識覺得必須透過交換來成全？還是你的家族或者祖先體系有這樣的認知？
請覺知，永遠有方法可以平衡，而這個平衡不是他人的平衡，只是你的，它們反映了你的能量分配與意識狀態。

11月24日

關係不是為了限制你的角色扮演，而是透過扮演，去體驗更多愛。

透過意識的轉換，你就能重新詮釋角色，並讓角色以更覺知的方式在生命的劇場中自由演出。

男性可以活得陰柔有彈性，如果那是他的選擇。女性可以活得強壯而大破大立，如果那是她所渴望體驗的旅程。

如果你在伴侶關係中能同時表達陽性與陰性的能量，那麼你就更能享受平衡的伴侶關係。

去解除「應該如何」的感覺與意識形態，去允許關係真實的樣貌。隨順狀態去流動，讓雙方都能更自由的伸展，並有空間去活出各自想要的樣子。

11月25日

永遠不需要委曲求全或犧牲奉獻。
不需要透過委屈，就能夠求全。因為「求全」是活出你自身的完整。
不需要透過犧牲，就能夠奉獻。請因為你的豐盛而奉獻。

11月26日

面對內心的召喚，勇於給出承諾！
當你就是愛的本身，你怎麼可能失去愛？
你可能經驗與所愛的分離，並感受若有所失的痛苦，但你不會真的失去愛。
曾經對愛的體驗，都會進入你的細胞成為你的一部分，化作對你的滋養。

11月27日

活出自己的真善美。事實上，這是隱藏於世俗目標之下真正的目標，如果有所謂目標。

擁有世俗目標沒有問題。無論那是關於物質財富的累積，關於成家立業、生兒育女，關於建立地位、擴張領域。無論那是什麼，只要是你們內在的驅動力，那麼就去體驗它！

但是別忘了去看見，在那些世俗目標之下你真正的渴望。

你成家立業的渴求是基於集體意識的驅力，還是對於愛與歸屬感的渴望？

你積極追求事業與工作上的成功，是基於生存恐懼，或者企圖證明自己的價值？

理解那些目標之下潛藏的真實渴望，有智慧的順從這些渴望，去活出你最大可能的真實、善良，與美好。

11月28日

了解自己，才能真正愛自己。

所謂愛自己，是媒體告訴你的那些套路嗎？買奢華的東西犒賞自己，享受一頓豐盛大餐，或者體驗一次美好旅行？以上都是，也可以不是。

而它們之所以是，乃是取決於它們對你的意義。你是因為集體意識的驅動，而以這些行動表達對自己的愛；還是你真的在其中，得到滋養與支持？

當你了解自己，你會看見內在真實的渴望與需要，並由此找到能夠真正療癒與豐潤生命的方式。

而當你知道如何透過了解自己而真正的愛自己，你也是在邀請他人，以你能夠真正感受被愛的方式來愛你。

11月29日

汲汲營營是匱乏的能量。是為了向世界證明自己的價值，抑或填補內在的缺乏？無論那是什麼，汲汲營營的追趕，都讓你無法以輕鬆自在的方式，享受當下的生命。

當你能夠信任，並知曉自己是誰，你自然無須透過向世界證明自己的價值，來表彰你的形象。

你不需要成為工作狂來證明你的能力，或迴避面對真實的自己。

你無須追求他人定義的成功，而犧牲活出自身內在的真實。

當你知道自己是誰並看見內在的光，你會放鬆下來。你會知道生命不需要追趕，不需要拼命抓取，不需要緊張，而是以信任的順流而行，去創造不費力的豐盛。

11月30日

想要感受到很多愛?首先,你要願意釋放愛,表達愛。
透過表達,你也在邀請他人能以同樣的方式對待你。
因為當你有,你才能給予;而透過給予,你更顯示了自己的有。
當你感覺愛無法流動,就率先成為「破冰者」,成為那個讓愛的能量得以破冰、能夠分享的人。
別擔心會失去面子,或者計較「為什麼是我」?事實上,當你這樣做,你有什麼損失呢?
你損失的都是那些自以為的虛幻。無論是面子、計較、恐懼,或者擔憂,全都是頭腦的遊戲。而你會收穫什麼?讓愛流動,潤澤你生命的機會。

愛的練習之十一

愛自己

你熱衷於愛別人，卻未能好好愛自己嗎？

愛自己是愛人的基礎。當你能真實的愛自己，你亦能以敞開的姿態去接納他人的真實。而接納他人的真實，就是愛。

這個月，邀請你去愛「所有的自己」。不僅是愛成功、快樂、討人喜歡，或受人稱讚的自己，也愛失敗、挫折、悲傷、憤怒，以及有許多不完美的自己。

這個月的每天晚上，請允許自己在睡前有安靜的十分鐘，輕輕閉上眼，回想你今天任何討厭自己、批判自己、不滿自己，或對自己的憤怒之處。拿出你的紙筆記錄下來。

接下來，依序對你所記錄下來的特點或事件送上祝福。

怎麼做？首先，請觀想從你的心輪之處升起一股粉紅色的暖流。這股暖流溫柔地包圍了你對自己的批判，正如同一位慈愛的母親（或任何你心中浮現慈愛的對象）將他的孩子緊緊地擁入懷中，你也在意識中，輕輕地擁抱你對自己的厭惡與撻伐，你對自己的指責與憤怒，並看見這些情緒慢慢緩和下來。

它們可能變得愈來愈小、愈來愈輕，或者愈來愈柔軟。此時，請對它們說：我愛你。如果你覺得有需要，可以多說幾次，直到你能再次感受這些情緒與意念又變得更輕盈、更放鬆、更明亮，你內在的空間又更擴張了。

愛自己的不完美，並不代表你認同這些「缺點」，而是你如實接納了自己的各種面貌。

而你也並不會因為接納了自身的不完美而不再進步，你的進步是建立在愛自己的前提下，去成長與擴張的。如此，你的前進會更有力量。

愛你們，獻上祝福。

來自宇宙神聖智慧的每日訊息——12月

12月1日

每天活出美，你就在強化與美麗法則的連結。

美不是去做一件什麼特別的事來彰顯美，而是在生活裡活出美。把美的品質帶進生活裡，跟隨內在的韻律去生活，而不是依循世界加諸於你的規範與標準。

檢視你的穿搭，你是盲目跟隨潮流打扮，還是找到最舒服的狀態，穿出屬於自己的姿態？

檢視你的居家，你是無感於你所處的空間，還是能為你所在之處帶來賞心悅目的風景，讓顏色、光影或者一朵花滋養你的生命？

美的展現，是你在生活中俯拾皆是，而能夠感受與行動的力量。

12月2日

什麼是美？

美不是一種範型、一套標準。美是善良的光、喜樂的心，與優雅的姿態。

當你由內而外散發良善意念，單純的喜樂會讓你嘴角上揚，眼睛有光。
優雅則是一種平衡，是內外能量和諧所展現出來的輕盈。
活出善良，時時喜樂，並跟隨內在與身體的平衡，流動出你獨一無二的優雅。
美，是你能夠每天體驗的品質。

12月3日

當內在限制性的信念被清理了，你會不費吹灰之力的吸引能夠與愛共振的人事物。
你期待你所吸引的，都是你真心想要的嗎？那麼，請好好留意自身的起心動念。
你是基於恐懼而進入關係，還是處於自在平安的狀態下去流動你的愛？
慢下來，在進入關係的過程裡覺察自己。在每一個行動之前都確認，你之所以進入關係是基於業力的驅動，還是內在的真理？
請以愛自己為前提而進入關係，以尊重自己為基礎而做決定。

12月4日

把自己照顧好，活出自己的美，再去追求你渴望的愛情。

不要在恐懼與匱乏時進入關係，因為你吸引的也將是與恐懼和匱乏呼應的能量。調頻自身於愛和喜樂，以這樣的狀態進入關係，那麼關係將不會再現你內在的恐懼匱乏，而是激盪出彼此的歡樂喜悅。

進入關係之前先做功課，否則關係就會成為你的功課。因為關係的目的之一，就是協助你的成長與進化。

如果在進入關係之前，你就能先清理限制性的信念，活出你也想與之共處的品質，那麼你所創造的關係，將會有截然不同的風景。

成為你也渴望風景的一部分，而不僅只是遠遠的眺望。

12月5日

生命發生了什麼並不是重點，事實上發生什麼都很好。重點是你要對什麼發生起反應與行動，這取決於你的智慧。

不要強求什麼發生，或者試圖掌控什麼，而是放輕鬆，回到你的內在做功課，成為能平靜看清楚自己的內在正在發生什麼的人。

所謂療癒的旅程，即是在不平衡之處給出平衡的機會，讓能量得以回歸正位。

12月6日

人世間的各種慾望都沒有問題。

無論你想追求的是財富、金錢、愛情、家庭、成功，或是個人成長。慾望是推進你的引擎，知曉它做為動力是來幫助你，而不是奴役你。它促使你的行動與改變，但不要讓自身受困於遊戲之中而被遊戲束縛。

善用你的慾望，但也對此保持覺察。善用你內在的驅動力助你成就，但不要盲目受慾望驅使。
如果你的慾望是成為有錢人，請思考「有錢」對你代表了什麼？
是渴望財富所帶來的自由，不需要為五斗米折腰而能自由自在地做自己？
是渴望金錢所創造的豐盛，能被美好生活所富饒的滋養？
或者是因為某些匱乏所衍生的補償，希望透過金錢，擺脫緊縮感所帶來的苦澀與壓力？
對於慾望的覺察，將使你看見真正的渴望。請定錨於你真實的渴望，而不是被包裝於這些純粹渴望之外的糖衣所迷惑了。

12月7日

關於靈性的各種學習都是好的，就如同你對於世界上其他知識的學習。要提醒的是：去看見你追求覺醒與悟道背後的動機。
不要把靈性世界當作你的庇護所，當作你在人間受挫疲憊後逃遁的防空洞。靈性世界不是你用來掩藏自身痛苦與挫折的地方，它們是邀請你好好面對自己，直到你真的了悟你以為的那些痛苦其實並不存在。

如果你因為人世間的各種不圓滿而逃遁到靈性世界，建議是：不要逃，不要躲，請好好回到你的日常生活裡戰鬥。

這個戰鬥不是拿武器廝殺，而是以內在更高智慧的洞見，去面對人世中的各種挑戰。好好處理你生而為人的各種疑難雜症，好好利用這些處境擴張與提升。

如果你追求的是覺醒，那麼人間的各種幻境正是沃土，能夠幫助你好好學習。無處不是修練的途徑。無論是煮飯喝茶、清潔打掃、工作運動、談戀愛，或者生兒育女，一切你以為的日常裡都隱匿著各種修練的路徑。去看見指標，你不會在日常生活裡迷路的。

12月8日

平衡是動態的運作，看起來可能如如不動，但其實一切都在運動。動是生命力的樣貌。生命透過運動來擴張，來流動，然後在動中平衡，在動中靜，在靜中成就一。

如同瑜伽鍛鍊先透過體位法的訓練，然後回歸呼吸調頻與禪坐靜心。透過運動，你能讓自己成為所處世界平衡的力量。

透過喜悅的動，無論那是瑜伽、散步、上健身房、舞蹈、騎腳踏車，或者整理花圃庭園，你能用任何你喜歡的方式，在內在系統之中創造平衡。

12月9日

過一個平衡的生活。

哪裡過度了，在哪裡節制。哪裡超過了，在哪裡收回來。有意識的保持覺知，你的細胞與肌肉協調，就會以最高最好的方式為你服務。

不要撻伐與苛責你的體重，以關懷之心覺察，而不是以批判。覺察與批判是兩股完全不同的能量。以關懷之心覺察，當自己最好的 cheer leader，領導你的身體以屬於你最高最好的方式前進。

12月10日

性能量是宇宙的創造動能，它是中性的，沒有善惡對錯，而是一股創造的勢能。你能透過性能量來生孩子，也能用它來畫畫、寫詩、舞蹈、種植花果樹木，或者開啓新的事業與計畫。

覺知這股能量，意味明白性能量不僅用於滿足你們的生理需求，也能夠將之導引向上，讓它為你的生命帶來更大的擴張與提升。

12月11日

在你的任何行動裡，有意識的呼吸。

運動將因為呼吸的深長，而能夠打開內在更多空間。

烹飪將因為有意識的呼吸而傳遞更多平和的能量，而那樣烹煮而成的食物將帶來更多身心靈的滋養。

性愛將因為對呼吸的覺察而能夠更打開心扉，讓彼此的能量得以更深刻的交融與擴張。

在工作與開會時深呼吸，能夠避免無的放矢，而將專注與平靜的品質帶進你所處的場域，並開放更多自在討論與交流的可能。

深層緩慢的呼吸，不僅給你的身體與細胞更多空間，也打開了你心靈的空間，並允許你周遭的世界能保有更多的餘裕與彈性，去愛與被愛。

12月12日

輕盈的祕訣在於放下與捨棄，在於願意釋放新的空間讓能量流動。

從實體空間開始，為你的居家和生活環境帶進輕盈的品質。透過整理與歸類，讓留下的人事物，都能夠真正呼應你所渴望的人生。

每個物件都帶有能量，留意你對此物件的依依不捨，是懷抱什麼樣的眷戀？是執著、恐懼失去、懶得處理，或者不想面對？

從整理空間與物品開始，賦予你的空間一個嶄新秩序的機會，而那個秩序是呼應你想活出的樣子。

你永遠可以在當下活出新的版本，就是去行動！無論是打掃、換季、調整飲食、重新省思與調整人際圈。有意識的面對你的生活，就是隨時隨地為自己調頻與進行能量更新。

12月13日

留意你的人際關係，因為那反映你如何定義自己。

你讓貶抑奚落、欺負你，或佔你便宜的人，處於你人際關係的中心嗎？或者你允許他人以不尊重與不珍惜的方式對待你？

你需要壓抑或者戴著面具生活嗎？還是你在人際關係中，能被溫暖的傾聽與支持？

去省思是什麼樣的自己造就了當下的人際關係，是否有需要調整之處？而你想要如何調整？

人際關係的整理正如同對空間的清理，適時調整將有助於能量調頻，並活出自己真正渴望的樣子。

請讓愛取代恐懼，豐盛取代匱乏，滋養取代消耗。

12月14日

活出自己的賞心悅目。

賞心是讓心綻放，做令你的心會歡唱的事。什麼讓你開懷、熱情，並充滿動力？請跟隨這份內在的喜樂去行動。

悅目是超越任何事物表面的屏障去看見其中隱藏的禮物，是欣賞他人的美善而不執著於他們的缺點；那麼，一切映入眼簾的都將讓你喜悅。

當你的心歡唱，你對這世界的看見是光而不是陰暗，世界亦會回饋你於如此的溫柔。

不是對陰影視而不見，而是明白陰影的存在也是為了映照光明。請將陰影視為對光明的渴求，將問題視為對愛的呼喚；如此你會穿越一層又一層的迷障，穿越人世劇情的限制，活出生命本自具足的賞心悅目。

12月15日

當你困頓於問題，首先要知道，「沒有不可穿越的問題」。

你如何看待問題，將影響問題對你的影響力。如果你對問題不斷投以焦慮憂傷與憤怒的能量，你正在以你的情緒餵養問題，而那將使它更加茁壯。

聰明面對問題的方法是讓自己平靜，在內在深沉的呼吸裡把自己穩住。在這份安靜裡，呼求內在更高智慧的指引；而當你夠安靜，你不可能不聽到內在的聲音。

請對答案的湧現保有等待的耐心。信任你比你的問題更大，你比你的問題更有力量。

而當指引出現，讓你的頭腦一同協力，那自然會產生對當下狀況最高最好的解決方案。

12月16日

真理是你看待事物最高最好的觀點。真理是愛。不是愛的，不會是真理。
悲傷裡有破碎的心，而你是否能勇於擁抱自身的破碎，並活出完整的力量？
憤怒裡有恐懼的呻吟，你是否能穿越憤怒的荊棘，撫平恐懼而開出愛的玫瑰？
真理是穿越問題，直指核心的學習。而那個學習是你一再遺忘的本質：愛與喜悅。

12月17日

當你的出發點是幫助他人、給人利益、無私地給予，你會得到全宇宙的協助。
因為當你發此一念，你的心意純粹正直。而凡起源於愛的，愛必然回饋。
而在付出與給予之中沒有犧牲，因為犧牲是對自己的不愛。真正的付出不是損己利人，而是透過給予，自身也一併豐盛了。

12月18日

你永遠可以呼求恩典，無論何時何地，無論何種狀況。

當你陷溺於某個困境，無法穿越某些屏障，請尋求更高智慧的協助與指引，讓恩典有機會流向你。

事實上恩典一直在，看看是什麼阻礙了它流向你的生命？是什麼讓你無法鬆軟下來臣服於恩典的擁抱？

而不僅在困頓或挑戰之時才呼求恩典。如果在喜樂成功時，你也能意會到恩典之風正徐徐向你吹撫，那麼你對於恩典的感激，將會放大你對恩典的覺知，而這份對恩典的敏銳度，將幫助你迎接更多恩典進入生命中。

時時感激，是培養「恩典體質」的祕訣。

12月19日

他人有權利不愛你，正如同你有權利不愛他們。

愛不需要經過他人同意，因為愛是善與自由的能量，而那份對於他人的愛，其實是源自於你自身。

愛與擁有是不同的概念，愛允許了失去與分離，因為愛的力量凌駕於前兩者之上。在愛之下失去與分離，都是幻象。

你可以愛，而不必然擁有。在分離與失去的表象之下依然感覺到愛，因為愛的力量就在你自己身上，透過你，投射到一切你所愛的人事物上。

給予自己自由去愛，也給予他人有愛或不愛的自由。視愛的本質為能量的流動，而不是被定義的關係，那麼你會在愛中自由，也會更自由地去愛。

12月20日

在愛的旅程中，信任是重要的品質。沒有信任，你無法真的愛與被愛。懷疑是愛的阻礙。懷疑透過保護、冷漠或者隔離的方式，阻礙你與他人的親近。懷疑的能量是必要的，其之存在是基於古老的生存機制，用於保護你們的安全。而有智慧的信任，是知道如何妥善運用懷疑來進行判斷，並做出最高最好的選擇。

當你懷疑，請感受懷疑背後的能量是什麼。它反映了你古老的生存恐懼、內在的情緒創痛，或者它是你內在直覺的提醒？

如果你的懷疑再現的是過去的記憶，那麼你現在還需要它嗎？當下，或許是放下恐懼的時候，以更開展的姿態去擁抱愛。

12月21日

當你能時時活在感恩之中，那就是覺醒。

不是因為發生了什麼才感恩，而是不為了什麼就感恩。

為你當下所立足的此時此刻，為你的呼吸、你的存在、你正在體驗的一切。感恩的能量能即刻調頻你的意識狀態，並允許恩典以更擴張的方式，流入你的生命。

感恩讓你擁有一雙能夠看見恩典的眼睛，看見神的奇蹟在這世界無所不在的顯現。無論發生了什麼都感恩，無論惱怒困頓、悲傷破碎，或者生離死別。感恩的力量將幫助你快速通過任何狀況，而不陷溺於情緒的糾結。

感恩也會帶來臣服的禮物。而當你臣服，你就能與宇宙聯手創造，順流而行開創屬於你的豐盛。

12月22日

臣服不是放棄或妥協，臣服是有智慧的放手，讓更高的智慧透過你而運作。

臣服之道不是汲汲營營的追求，而是允許宇宙與你一同聯手創造，並依循內心的指引去行動。臣服是順流而行的藝術，是以最不耗能，降低風阻的方式創造人生的豐盛。

12月23日

喜樂，不為什麼而喜樂，而只是因為你的存在本身就是喜樂。覺知喜樂是你存在的品質，不是等到擁有或成就了什麼才喜樂，因為喜樂是你本自具足的完整。人世間的苦是幻象，而穿越幻象就是智慧。

受苦是你所選擇體驗的經驗，而既然是主觀的體驗，你自然能夠選擇不要受苦而去體驗別的。遭逢痛苦而不受苦是可能的嗎？當然。

一切都關乎你想體驗的是什麼，這是在生命旅行中你可以自由去選擇和創造的。

12月24日

不要和他人比較，而是專注於自己。比較無益於身心健康。

對於他人的觀點適可而止的參考，並且允許自己活出獨一無二的生命。

過誠實的生活，因為誠實最不耗能，無須將能量用於守護謊言，請將能量用於提升自己與活出真實。

真實將使你充滿力量。

12月25日

清理傳承自祖先系譜中的信念，是你誕生於該血脈中所能做出最偉大的貢獻之一。

你不僅傳承了祖先系譜中的美德，也同時傳承了限制性的信念與負面的感受。醒覺的意思是，你能帶著覺察去看見一切，在你身上發生的都是祝福！包括你以為是懲罰的業力。

業力帶來了機會，讓原本失衡的能量得以透過重新選擇與創造，而有釋放和療癒的機會。請將業力視為祝福，這將幫助你能更輕易地穿越一切你以為的困境。

12月26日

詛咒之類的黑魔法是存在的，而它之所以有效，是因為被詛咒者接受了它。當你處於恐懼或低頻的能量狀態，詛咒就會對你產生作用，因為你的恐懼接受了惡意能量對你的攻擊。

處於正道，就是關照自身的起心動念。調頻於愛和喜樂的頻率，你自然不易受到他人惡意能量攻擊的影響。

事實上，只有當你允許了他人對你的傷害，那個傷害才會成立。覺察是否在無意識層面，你對此給出了允許？

另外一個阻隔甚至反轉他人惡意能量攻擊的方式，就是給出祝福。以無條件之愛為出發點的祝福，將對自身能量場建立愛的保護。

12月27日

擔憂將阻礙心想事成，即使你擔憂的人事物是你在乎的。

擔憂兒女成績的父母，兒女的成績通常反映他們的憂慮。

擔憂被愛人背叛的關係，關係將時時處於疑神疑鬼的戲劇。

擔憂自己的健康哪裡出問題，身體似乎都剛剛好回應你的擔心。

事實是你擔憂什麼，你便強化什麼。擔憂的能量將拉扯你的願望，成為你對自己的阻礙。

當你心中有任何擔憂，請以祝福的能量取代。

擔憂孩子的成績？請祝福他的智慧提升並找到最適合的學習方式。擔憂愛人的背叛？請祝福你們之間情同意合，並能開誠布公的溝通。擔心健康出狀況？請祝福身體以最高最好的方式運作，並承諾永遠好好愛自己。

12月28日

死亡不是結束或分離，生命的結束與分離都是限制性的幻象。死亡只是對此生這個遊戲按下暫停鍵，讓你們的靈魂得以進入不同維度，展開新的旅程。

而好消息是，你們不必透過死亡才能按下遊戲的暫停鍵。如果你對於當下的人生遊戲有任何不滿意，你永遠有選擇的機會，重新設定遊戲腳本，展開新的旅程。透過提升意識，以更高的覺知做出愛的選擇，而不是恐懼的判斷。你能改寫任何故事情境，為自己展開新的生命遊戲。

12月29日

感受情緒是沒問題的，任何情緒都是OK的，因為那是你經驗的一部分；但這不代表你所感受到的情緒都是你的。

你所感受到的憤怒、焦慮、擔憂等，有可能是他人的能量而不是你的。所以當你有任何情緒，可以先問問自己：這是我的嗎？覺知能讓你無須帶著他人的情緒過生活。

自在的去感受任何情緒，無須對抗或隱藏，當你愈如實的面對你的情緒，一切都會過去。

簡單的情緒淨化方式就是好好洗澡，讓水的能量從頭到腳清洗過你的全身，這將有助於你在一整天後，重新調頻自身的能量場。

在沐浴過程中帶進你的意識，覺知你不僅在洗淨你的物質身體，也在淨化你的能量場，當水流經時在心中默念：不屬於我的情緒將被水流一併帶走。

12月30日

你們生來不是為了工作，不是為了汲汲營營求生存，不是為了成就他人要你追求的成功。

你們生來是為了體驗，並從中知曉自己就是無限的愛與光明。

所以不要趕路，不要受制於時間有限的幻象，或者一股腦兒地追求世界給你的KPI。

如果真的要追求，那麼請靜下心來，去看見對你而言真正重要的是什麼、你真正渴望的是什麼，就往那個方向走，並享受其中的每一個過程。

那麼，你的旅程將因為愛與熱情的投入而閃閃發亮，而那是你內在的光所照耀出的美妙。

12月31日

享受生命，時時刻刻都享受，那是在虛幻的時間裡活出真實的方法。

勇敢去愛，永遠打開心去體驗你所經歷的一切，沒有保留，而是百分百的生活。

完全的生活，將讓你對於人世的體驗沒有未竟，無有遺憾，並引領你體會身於世界卻不屬於世界、風塵僕僕卻不沾染風塵的自由。

愛的練習之十二

深呼吸

你可曾想過你習以為常的呼吸，其實隱藏著覺醒的祕訣？即使覺醒不是你此生的渴望，但好好呼吸亦能為你帶來身心的平衡與更多內在的平靜。

這個月，邀請你在每一天睡前都給自己安靜的五分鐘，以你最舒服的姿態坐下來，輕輕閉上眼，先做一個深長的呼吸，將氣息吐乾淨，然後開始練習535呼吸法。

535呼吸法：五秒吸氣，三秒屏息，然後以五秒吐氣，如此循環。剛開始做七次，可依自身狀況逐漸增加次數，直到一回可做四十九次。

隨著535呼吸法的練習駕輕就熟，可以嘗試練習747呼吸法：七秒吸氣，四秒屏息，然後以七秒吐氣。

以上的呼吸法不需要花費太多時間，卻能幫助你將意識重新拉回到自己身上，並透過深長的呼吸，將躁動的內在狀況安靜下來。透過呼吸回到本心，體會內在的輕盈，體會你不僅是那個汲汲營營忙忙碌碌的你，你比你以為的更寬闊、更自由，與更平靜。

愛你們，獻上祝福。

靈性道路的學習筆記

自從踏上靈性學習的道路，我最常被問到：「你的人生是怎麼了嗎？（眼神流露著擔憂）」、「收訊息的時候，你的眼睛會上吊、意識不清，或者被外靈附體嗎？（面露驚恐）」或者，「學習靈性知識或者修行鍛鍊，是因為你看破紅塵了嘛？（雙手合十）」。

這裡收錄了一些常見的問題與回答，目的不在於滿足你頭腦的好奇，而在於輕輕揭開一小片面紗，讓內心可能受到召喚的你，更自在地踏上靈性旅程的探尋。當然，這些回答僅是出於我個人有限的體會，並不是什麼標準答案或者顛仆不滅的真理。事實上，我鼓勵你在探詢的道路上，親身體會自己內在的真理，而這份真理不是依賴外界的權威或者任何教法的圭臬，而是透過你的旅程，你內在清明的看見所了悟的真相。

靈性探尋的目的是什麼呢？我想每個人都有自己的故事，而每一個故事都是珍貴並能帶來啓發的。作為光行者，我小小的心願是透過自己全然的活出光，並邀請他人一起閃耀彼此的光。而這個心願並非基於對紅塵俗世的厭惡或者喜好，事實上，這個世界不好也不壞，一切都僅是流動的體驗與穿越。

我內心小小的心願是基於對塵世如夢幻泡影的體會，而當更多人都能看見並活出光的真相，不僅個人的生命質量會因為清理的輕盈而提升，集體性的揚升與進化才會成為可能。而儘管世界如夢幻泡影、如露如電，但這並不代表我們不能在其中創造一個好夢，並享受人生之夢的所有豐盛與喜悅。

感恩這夢裡有你，而我們一起發光。

關於學習希塔療癒和阿卡西紀錄的五個提問

▲提問一：「我通靈了？」在學會了希塔療癒或者阿卡西紀錄之後……

這是許多朋友的疑問。這個答案或許會隨著每個人的狀況與體驗而有所不同。但對我而言，我並不覺得自己是個神奇的通靈者，在所有的連結過程中，我亦沒有所謂出神或者失去意識的狀況。

無論是在契入阿卡西紀錄或者進入希塔腦波的狀態，我都是全程清醒的；甚至因為有意識地進入更高維度，而能有更清明的覺察與理解。在我有限的體會裡，人類作為永恆神性的物質化身，本自具備連結無窮神性的潛能，而這份潛能就隱藏於我們的ＤＮＡ之中。

我們要做的僅是移除干預這份連結的限制與束縛，清理通道，讓純淨的能量得以毫無阻塞的流向我們。而在這個過程之中，我感覺自己是做為一個管道而存在的，但又不僅如此；我是一個平靜之場，但也同時作為觀察者與見證者，觀察了能量的轉化，也見證了療癒的發生。而真正推動能量網格的移動或者讓療癒發生的並不是我，而是更高意識的智慧，是造物主的愛，是源頭的光，是在這個場之中的所有人都準備好了，而讓能量美妙的被轉化了。

這個對「療癒力量不是來自我」的覺知，讓我們能對所有的發生保持謙卑，並且避免進入對號入座的頭腦遊戲，與引發自我自以為是的傲慢。

一方面，我們看見自身內在是有資源的，因為與更高力量連結的能力並不是少數人方能擁有的特權，而是你我皆可透過學習而更傾聽自己的內在之音。另一方面，我們對於這份連結的能量也保持敬重與珍惜，這讓我們不會濫用這份天賦權利，並降低小我對於訊息品質的影響。

如果你想看見我們眼球上吊或者不斷搖晃身體以進入某種意識狀態，那真的要讓你失望了。靈通力的開啓，的確會因為個人狀況而有所不同，有時候你甚至能超越物質身體的限制而能夠看見更多、聽見更多、嗅聞更多，也知覺更多。但這一切的目的是為了什麼呢？並不是為了炫耀你的神通，或者作為某一種特技表演而被開啓的能力。我甚至認為靈通力的開啓若無相應的智慧為根基是危險的，重點是意識的提升、能量與頻率的持續轉化，而非執著於「我通靈了嗎？」。

▲提問二：「我的人生會愈來愈好？」在學會了希塔療癒或者阿卡西紀錄等靈性工具之後……

當你設定意圖，並透過行動致力於改變你的生活，你自然會看見生命一步一步走向充滿更多光亮的地方。無論你透過的途徑是身體鍛鍊、靈性修持，或是專注於你熱情所在之處。

千萬別把靈性工具當作你人生的救生板，以為抓到一項法門就能保你脫離六道輪迴，解脫世間疾苦，並讓惡人賤人小人都自動消散於無形。靈性工具如同世界上其他有效的工具，能夠幫助我們更有效率的看見自己的問題，照見自己一直以來迴避看見的真實；然而是否願意釋放與解決，仍然取決於我們是否付諸於行動並勇於改變。

常聽聞，有人會以前世今生的某些際遇來解釋今生與其他人的關係。譬如：「就是因為上輩子我和我媽是世家仇人，所以我們今生的關係很差，老是不合」，或者「我前輩子很花心，到處拈花惹草，所以今生感情路走得坎坷，老是遇人不淑」。如有朋友帶著以上的困擾前來諮詢，我都建議大家先放下自以為是的因果論，好好重新思考對於過去故事的瞥見，難道僅是為了證明與說明你現在的處境嗎？或者，這個對於過去的瞥見，是為了提供你一個讓能量得以重新平衡並重新做出選擇的機會？

即使你和你的母親過去是仇人，但今生以親子身分相遇，本身不就是一個充滿愛的安排？而這個安排不是隨機，而是兩個有智慧的靈魂所一致同意的決定。透過關係的衝突，了解彼此要學習什麼課題？是放下成見去傾聽他人，是學習原諒與和解，或者是能鼓起勇氣打破家族的觀念或者業力的束縛，以清理僵固的能量？

視任何狀況為一個機會，而不是一個問題，將使我們更有力量轉化生命所要帶來的挑戰。如此那些對於靈性的看見，才不會成為我們停滯不前的藉口或安慰劑，而是真正能夠協助我們突破盲點的力量。

又如同，你前世所作所為不能決定你今生要當渣男或小三，一切都是你今生今世的選擇與決定。對自己生命負起全然的責任，而不是逃遁到一個靈性的解釋裡取暖，或者躲藏到一個靈性的洞穴裡，好讓自己感覺安全。而當我們對於人生負起全然的責任，我們就有機會從過去的一切，無論是已經發生的故事或者不斷輪迴的業力中掙脫，因為當你決定負起全然的責任，就是將改變的力量拿回到自己手上；如此，任何靈性的學習或者工具，都能夠真正幫助你的改變與支持你的成長。

▲提問三：學習希塔療癒或者接受阿卡西紀錄的療癒，我需要付出什麼代價？

希塔療癒和阿卡西紀錄的能量場域都是無條件的光與愛，在這些高頻意識的能量流中，並不會要求你透過犧牲或者讓渡自身的某些權利，來做為能量交換的代價。如果你進入了號稱是造物主（Creator）或者阿卡西神聖空間的能量場，卻被要求付出某些代價、履行某些義務，那幾乎可以很肯定的說：你不在以上的能量場。

在某些薩滿系統或者神明體系中，療癒會在某些交換的狀況下進行。建議你在學習或接觸任何靈性知識時，都先釐清並尊重每一種能量的運用規則。如同開車上路前先了解交通規則，不超車也不違規，行駛在靈性的道路上會更加順暢。

無論希塔療癒或者阿卡西紀錄都不是宗教，它們沒有制式的宗教儀軌或繁文縟節。其本質都超越了宗教，也允許你與你所相信的信仰能相互結合。重點是謹守良善的初衷，不僅尊重自身的能量，也尊重他人的能量界線。

▲提問四：希塔療癒是否能幫助我心想事成？

顯化是希塔療癒中很重要的技巧，也是學生們引頸期盼的學習項目之一。但在顯化你的願望之前，我認為有比願望迅速成真更重要的事。

首先，你必須確認你的願望是你「真實」的願望。很多時候，我們常以為有些願望是想當然爾的渴望，譬如「在三十歲前成家立業」、「一夜暴富」，或者「財富自由從此不必工作」，卻忽略了這些願望背後的動機與真實的需求，是恐懼在引導你的行動？是匱乏在驅動你的想要？或者我們的願望其實是集體意識的投射，而非反映了我們內在真實的渴望？

RITA 小姐（化名）是我的個案，她不僅個性溫柔，而且聰明有能力。在原生家庭中非常不快樂的她，從小渴望結婚生子，建立自己的家庭；經過了幾段風風雨雨的感情後終於如願以償，在眾人艷羨的眼光下與大家心目中的白馬王子締結良緣，並舉辦了盛大豪華、冠蓋雲集的婚禮。婚姻前幾年一切似乎一帆風順，不時會看見 RITA 在社群媒體中分享她與另一半的甜蜜生活，無論是浪漫的旅遊、驚喜的豪奢大餐，或者逢年過節的精品禮物。而這樣人人稱羨的人生勝利組，為什麼要找我做個案諮詢呢？

原來，RITA 的另一半和她一樣善於經營社會形象，凡是符合貼心伴侶人設的動作，在鏡頭下都做好做滿。初期兩人對於這樣天造地設的安排似乎各取所需、相安無事，但久而久之，一旦離開了鏡頭，兩人就變成兩座相對無語的沉默冰山。人前的恩愛與人後無法真心放鬆交流的長夜漫漫，終於讓 RITA 的身心開始出現各種狀況。先是皮膚過敏、失眠、情緒失衡、身體大小病痛不斷，到關係開始出現爭吵冷戰、捲入家族間的八點檔劇情，到第三者出現……。而她不是明明實現了她以為美好婚姻的願望嗎，為什麼故事的發展令她如此不快樂？

身體對我們的愛，有時候是以疾病的型態出現的，那個失衡的狀況是身體試圖提醒我們重新找回生命的平衡，去回應我們內在真實的渴望，而不是頭腦以為的願望。通常，頭腦以為光鮮亮麗的東西比較有價值，或者符合世界的期待才叫做成功與幸福。但是對你真實的核心而言，什麼才是靈魂真正的渴望？

「願你不要心想事成」，這一句看似詛咒的話，有時候隱藏的卻是善意的提醒與深沉的祝福。提醒你勇於發掘自己內在真實的渴望，顯化真實的熱情，而不是頭腦的人云亦云。祝福你致力於那些能夠真正令你的內心歡唱、你靈魂雀躍的行動，而不是盲目遵循世界告訴你的幸福方程式。

而在你以行動回應真實的渴望，希塔療癒的顯化技巧對你將是如虎添翼的協助。其實我們的起心動念無時無刻都在顯化為我們的實相，每一分鐘我們都在印證心想事成的可能性，所以覺察你的念頭，確保你的心思符合你的渴望，並對生活中的顯化無論大小都保持感恩。事實上，感恩的能量是讓心想事成能快速顯化的祕訣。

▲提問五：學習靈性知識或進行各種靈性鍛鍊之後，我是否就會變成一個不能享受生活的人？

各種靈性鍛鍊法門各有其遊戲規則，選擇能與你內在相應的，然後尊重你的選擇。事實上，所有鍛鍊旅程如果站在外面來看，都是霧裡看花，外人或許能說出一個梗概，但真正上路的是你，箇中體會唯有實踐者能夠領略其中滋味。

所以，所謂能否享受生活？端看你是站在哪一個角度來看。關於有紀律的訓練，保持心念的單純、靜坐冥想、潔淨身體能量，並且不間斷的練習練習再練習……以上這些，對於有些人而言是否全無樂趣可言？既無聲光效果，也沒有戲劇張力，是否超級不享受？

但對於身處其中、親身實踐的人而言，或許有一種享受是大過於世俗以為的樂趣。有一種享受不是追逐五光十色，或者世界所定義的完美；而是無論身處何時何地都能夠平靜的心，並且能夠輕鬆幽默面對世界的從容。

就我個人而言，靈性能量的提升無疑讓我更能享受生活，而且不是在順風順水的時候才享受；而是即使行在人生的幽暗低谷，你也能欣賞暗夜的迷濛。

當你真正知曉生命是無常與脆弱的，你不會等到未來的哪一天才慶祝，才過上自己真心渴望的生活。你會看見每一天都是獨一無二的，過去發生了，但歷史事件不是讓你停留在過去的理由，你的執著與不放手才是。而當你專注於當下，專注於眼下你正在經歷的，無論這個經驗是什麼，都能為你帶來生命的滋養。

相愛的瞬間之所以被稱作是魔幻時刻，那是因為你與愛人在那一刻全然地打開心，專注地沉浸於愛的波流裡。而靈性的學習讓我們能將生命視為一場偉大的戀愛，它提醒我們愛上自己真實的面目，勇於閃耀靈魂真實的顏色，並溫柔的鼓勵他人也能這樣做。

是的，你不僅自己享受了內在充盈飽滿所帶來的喜悅，也能透過你自己的享受，給予他人更多空間去創造那樣的愛與自由。

覺醒是與當下共舞

阿卡西紀錄與希塔療癒帶你走向內在，釋放創傷，顯化豐盛，成為更好的自己

作者　Josephine 90 分
選書　陳慶祐

編輯團隊
美術設計　Rika Su
責任編輯　劉淑蘭
總編輯　陳慶祐

行銷團隊
行銷企劃　陳慧敏．蕭浩仰．江紫涓
行銷統籌　駱漢琦
營運顧問　郭其彬
業務發行　邱紹溢

出版　一葦文思／漫遊者文化事業股份有限公司
地址　台北市松山區復興北路 331 號 4 樓
電話　(02)2715-2022
傳真　(02)2715-2021
服務信箱　service@azothbooks.com
漫遊者書店　http://www.azothbooks.com
漫遊者臉書　http://www.facebook.com/azothbooks.read
一葦臉書　www.facebook.com/GateBooks.TW
營運統籌　大雁文化事業股份有限公司
地址　台北市松山區復興北路 333 號 11 樓之 4
劃撥帳號　50022001
戶名　漫遊者文化事業股份有限公司

初版一刷　2023 年 3 月
定價　台幣 490 元
ISBN　978-626-96942-0-4

國家圖書館出版品預行編目(CIP)資料

覺醒是與當下共舞：阿卡西紀錄與希塔療癒帶你走向內在,釋放創傷,顯化豐盛,成為更好的自己/Josephine 90分作. -- 初版. -- 臺北市：一葦文思, 漫遊者文化事業股份有限公司, 2023.03
376面；17X23公分
ISBN 978-626-96942-0-4(平裝)
1.CST: 靈修 2.CST: 心靈療法
192.1　　112003431

秋日 豐盛顯化工作坊

本工作坊結合信念轉換，身體律動與能量調頻

・探索屬於你的豐盛
・清理阻礙你活出豐盛的信念程式
・與宇宙神聖智慧連結，探索屬於你的豐盛方程式

※ 使用方式：請於網路報名時告知，並於上課報到時繳交本券，每人限用乙張，逾期無效。
※ 本券爲無償發行之課程折價券，持有人不得轉售圖利。
※ 本券爲有價證券，請勿擅自僞造、變造，以免觸犯刑責。
※ 本券經影印、塗改、破損均無效。

冬日 靈魂伴侶工作坊

本工作坊結合信念轉換，身體律動與能量調頻

・什麼是靈魂伴侶
・探索你渴望的靈魂伴侶
・與宇宙神聖智慧連結，看見宇宙的指引路徑

※ 使用方式：請於網路報名時告知，並於上課報到時繳交本券，每人限用乙張，逾期無效。
※ 本券爲無償發行之課程折價券，持有人不得轉售圖利。
※ 本券爲有價證券，請勿擅自僞造、變造，以免觸犯刑責。
※ 本券經影印、塗改、破損均無效。。

Facebook

Instagram

注意事項

1. 本券使用期限為112年12月31日。
2. 請剪下書中的兌換券，至「御前上茶」全台各門市，於結帳時出示兌換。(分店資訊請見御前上茶官方臉書)
3. 本券僅可兌換指定商品，不得交換其他等價商品。
4. 請妥善保管，若有破損、遺失恕不補發，逾期無效。
5. 本商品圖片僅供參考，實體商品依現場供應為主。
6. 如遇門市不可抗拒之因素導致無法提供該項商品，將以店內公告為主。
7. 本券請勿重複使用、重製、塗改、影印、偽造、散播等違法行為以免觸法。
8. 如有未盡事宜依現場說明為主，御前上茶保有活動修改，最終解釋說明之權利。

實體課程折價券

秋日── 豐盛顯化工作坊

豐盛不是你外求之物
豐盛是你本來就能活出的滋潤與美妙
邀請你向內探索
移除阻礙生命豐盛的阻礙

開課日期：2023 年 8 月，時數約 4 小時

課程費用：NT$6,888，讀者憑本券可享優惠價 NT$3,800

※ 開課時間與上課地點，詳見 2023 年 6 月「就是療癒 90Healing」FB 粉絲團及 IG 公告。

※ 一堂上課人數以 30 人爲限，將視實際報名人數彈性調整開課班次，請於報名時留意公告通知。

Facebook　*Instagram*

實體課程折價券

冬日── 靈魂伴侶工作坊

召喚你所渴望的靈魂伴侶
活出更完整的自己

開課日期：2023 年 12 月，時數約 4 小時

課程費用：NT$6,888，讀者憑本券可享優惠價 NT$3,800

※ 開課時間與上課地點，詳見 2023 年 10 月「就是療癒 90Healing」FB 粉絲團及 IG 公告。

※ 一堂上課人數以 30 人爲限，將視實際報名人數彈性調整開課班次，請於報名時留意公告通知。

Facebook　*Instagram*

御前上茶 GOZEN KAMICHA

京御抹茶

兌換券

O-Matcha voucher